Rational Thinking in Economics

经济学的常识理性

王则柯 著

商务印书馆
2014年·北京

图书在版编目(CIP)数据

经济学的常识理性/王则柯著.—北京:商务印书馆,2014
ISBN 978-7-100-10641-2

Ⅰ.①经… Ⅱ.①王… Ⅲ.①经济学—文集
Ⅳ.①F0-53

中国版本图书馆 CIP 数据核字(2014)第 190098 号

所有权利保留。
未经许可,不得以任何方式使用。

经济学的常识理性
王则柯 著

商 务 印 书 馆 出 版
(北京王府井大街36号 邮政编码100710)
商 务 印 书 馆 发 行
北京瑞古冠中印刷厂印刷
ISBN 978-7-100-10641-2

2014年9月第1版　　开本 880×1230 1/32
2014年9月北京第1次印刷　印张 8⅝
定价:28.00元

题 记

国人习惯一起讲"真善美"三个字，
美国普林斯顿高等研究院的院徽，
却只标榜"真"和"美"。

善良的人们曾经设想越有用的东西应该越贵，
形成使用价值论，
却发现并非如此；
善良的人们还曾经设想越难做出来的东西应该越贵，
形成劳动决定论，
同样远离事理。

或者你更加善良，
因为他是一大串头衔和荣誉的学者，
就以为他一定掌握真理，

结果仍然不是这么回事。

面对各种迷雾或者光环,
大家要珍惜自己的常识判断。
这样,
人们的智慧,
才可以不因他们善良而被蒙蔽。

说 明

这个集子五年多以前曾经在中信出版社出版,现在作了些许修订,得到中信出版社同意,在商务印书馆出版新的版本。

我的电子邮箱是 Lnswzk@mail.sysu.edu.cn 和 ch84111987@163.com,诚挚地欢迎读者和师长的批评。

王则柯,识于辛卯年深秋

目 录

常识篇

003 / 经济学的常识理性

041 / 经济学讨论中的假设和模型

056 / 信息经济学奠基人

077 / 信息经济学视角的诚信建设

105 / 博弈论框架的信用建设

149 / 美国联邦个人所得税的沉重代价

方法篇

163 / 经济学教育现代化的片段轨迹

175 / "张五常热"和"吉芬现象"

187 / 重写政治经济学

197 / 提供思想的经济学课本

208 / 想起了"无缘无故的爱"

216 / 没有证明不了的命题吗？

220 / 品评林毅夫的《论经济学方法》

附

226 / 2011年9月迎新讲话

常识篇

经济学的常识理性[1]

汪丁丁（以下简称汪）：我先介绍一下王老师。他最近有两本非常重要的书。1990年代有一本，是中国经济出版社1999年出版的《拓扑学方法和经济学应用》，还有一本是2002年北京大学出版社出版的《经济学拓扑方法》。这两本书都是非常重要的。王则柯老师在学术上比我们大了一辈。1965年，他从北京大学数学和力学系毕业，导师是江泽涵教授和姜伯驹教授，这两位老先生的著作都是我案头必备的，但说实话，我并不怎么看得懂。到1970年代，王老师进入中山大学，现在是中山大学的经济学和数学教授、博士生导师。王老师原籍浙江，他是浙江永嘉人。王老师的简历大致上是这样。

叶航（以下简称叶）：下面我们就请王教授给我们作一个讲演。这个讲演可能不是很深奥，但很重要。王老师讲完后，大家可以

---

[1] 2005年4月23日下午在浙江大学跨学科社会科学研究中心的讲话，汪丁丁教授主持，叶航教授、罗卫东教授等参加，贾拥民博士整理讲话录音，特此致谢。收入本书时有删节。

进行讨论。

王则柯（以下简称王）：我跟浙江大学跨学科中心，以及叶航教授、罗卫东教授在前年就有过联络，当时就想到这里来，但 2003 年由于 SARS 的问题，就拖到现在。至于我跟丁丁联络的时间就更早了。

我一直看《万象》这本杂志。最新一期《万象》的第一篇文章，说的是蔡元培。蔡元培执掌北大的时候，北大的系科设置与原来相比有很大的改变。当时设了 15 个系，蔡元培自己是浙江人，这 15 个系里面，大部分系的系主任也都是浙江人。文史哲，即中文、历史、哲学，这几个系的系主任都是浙江人；教育系、经济学系的系主任也是浙江人。不仅如此，数理化，即数学、物理、化学各系，以及地质系的系主任，都是浙江人。由此看来，浙江这个地方，真是很了不得。

浙江是我的故乡，我觉得自己也沾了浙江的光。我在浙江永嘉乡下生活到四岁多，但温州市区基本上没有待过，然后在杭州待了一年左右，所以我还记得之江大学，记得六和塔，记得钱塘江。后来就经上海到广州去了。

汪：那是不是因为要躲避日本人？

王：不是因为日本人，是因为我父亲离开杭州的之江大学到广州的中山大学，于是我们全家都去了广州。永嘉还有一位大学者叫刘节，他介绍我父亲到广州中山大学任教。关于刘节教授，有一个很有名的故事。他是陈寅恪先生的学生，当年陈寅恪先生被批斗得很惨的时候，刘节教授自己也已经七十多岁了，但他还是站了出来，说"让我来替我的老师挨斗"。真是很了不起。

我随父亲去广州，中学毕业以后到北京念书，又在上海教了十年中学，然后回到广州，这样一圈下来，已经有五十多年没有回过温州那个地方去了。2002年去了三天左右，其中到楠溪江半天。那次在杭州待的时间比较长。我非常喜欢杭州，以后我每年都要来。如果全家都能够到这儿来度假，那是最好不过的事情了。

我对浙江大学跨学科社会科学研究中心很感兴趣，很想了解一下。刚才叶航教授去接我的时候，我们在车上就谈了一些。我觉得这个事情难度很大，这个跨学科的研究怎么开始呢？所以特别想和大家聊一聊。既然来了，那总是要讲点什么东西的。我给了丁丁两个题目，一个是比较浅的，"经济学的常识理性"；另外一个是比较深一点的，"零测度与博弈论的奇数定理"。丁丁选了这个浅的，不用写黑板，那我们就坐下来聊天，不一定能给大家多少帮助。

这几年，我是有一点虚名的。但如果把我说成是"著名经济学家"，我不敢认同。如果说我是"著名经济学教师"，就比较合适一些。我创造的东西不是很多，但是在经济学教学方面确实有一些体会。

我与丁丁的交往，始于《读书》杂志和沈昌文先生。当时，我们都是《读书》的读者和作者，丁丁的每一篇《经济学关键词》，我都推荐给学生。沈昌文先生还具体介绍我跟丁丁联络。那是1994年,我刚从美国短期访问回来,到了香港中文大学。因为在此之前我在香港停留的所有时间加在一起也不到十天,对香港不大熟悉,就请沈昌文先生给我介绍一些在香港的朋友。沈先生对我说,你到香港,可以找丁丁。上个月丁丁到我们学校,讲起这件事,说还是很感动,因为那时候是他"最困难的时候"。但我与丁丁每次都阴差阳错,没能见面。我跟北京的梁晶也很熟,梁晶也总提到丁丁,一直想让我们见见,但没如愿。有一年我到北京,有半天空闲,我跟丁丁联络,可是那天下午丁丁要上课,还是没有见到。终于上个月丁丁他们到了广州,我们才见了面。

但是我的走向跟丁丁很不一样。八年前,丁丁的《在经济学和哲学之间》出版的时候,华东师大的许纪霖教授让我写一个书评,说"非你莫属"。我其实很早就买了那本书,这时候拿出来看,一看之下,我对汪丁丁教授知识的渊博佩服得不得了。我读书比较少,这也许跟你们的想象不一样。刚才座谈开始之前叶航、卫东讲到他们的同学鞠实儿。鞠实儿研究哲学,主要是逻辑,研究得非常好,他有些学生,也来听我的课,我就讲过一些不太恭敬的话。我说,如果你现在要学牛顿力学,不一定去啃牛顿的《原理》,好的物理学课本,已经写得很清楚。我看书比较少,这是一个缺憾。但是丁丁的书,大家翻开来看,很多哲学。我从丁丁那本书知道,差不多从两百年前开始,到一百年前,在这一百年左右的时间里面,经济学从道德哲学中分离出来。在我看来,这是一件好事情,经济学从道德哲学分离出来,我们经济学人就有点事情可以做了。

可是这件事情在丁丁看来是很痛苦的,他在书里面写道,要"对抗"这个"不可抗拒的过程"。这个过程,指的就是经济学从道德哲学里面分离出来的过程。

就在我读丁丁这本书的那段时间,在我们国家就有过一场关于经济学问题的争论。这场争论的两个代表人物,一个是经济学家张曙光,另一个是历史学家秦晖。争论的主要是有关国有企业改制的一些问题。秦晖教授对国企改制的实际变化和相应的理论或者论证很不以为然。与这个争论掺和在一起的还有《读书》杂志的变化。《读书》杂志在沈昌文先生主事的时候达到可读性的高峰,很多人后来都回顾说那时候和那以前的《读书》好。自从沈昌文先生奉示离开以后,新任主编把后现代的东西引了进来,搞得这个杂志像是同仁刊物似的。这两件事情掺和在一起,我对这种所谓后现代的语境颇为反感,曾经写过文章表达对这种"后现代语境"的疑虑。当然,在这些事情上,我清楚自己完全是边缘的,主要是他们两边在争来争去。我发现从那个时候开始,出现一个术语,叫作"常识理性"。按照他们那些人的说法,我们现在头脑里面所有的思考,都不过是"常识理性",达不到他们那些"知识理性"的高度。要达到他们所谓的"知识理性"的高度,一定要受过"后现代"的训练,使用后现代的话语才行。说实在的,到底怎样才算是他们所说的"知识理性",我到现在还概括不出来。但是从现象上来看,就是一定要在文章中出现很多哲学家的名字。张曙光和秦晖两位教授争论的文章里头,大段大段都是这个那个哲学家说的话，以及作者的诠释。为什么会这样，我不大能理解。在我看来，那样一个发展，并不是很好的发展。所以，本来今天我准备好的PPT的第一个标题，就是"缘起——知识理性、常识理性、哲学理性"。

我今天要谈的"常识理性"，非常重要。这个常识理性，不是人家贬斥我们的时候所说的那种常识理性。我最近写了一篇文章，是登在报纸上给普通读者看的，题目是《智慧何以被善良蒙蔽》。在经济学说史上，人们的智慧被善良蒙蔽的例子很多。首先可以谈到一个有关经济学的最根本的问题。毛泽东有一句描述很有意思，大意是：商品这个东西，大家每天都接触它，但没有人注意它，只有马克思是个例外，他注意到了。马克思这个切入点很好。接下来首要的一个问题就是，商品的价值价格由什么决定？如果是大量的商品，那是价格；如果是单个的一样东西，那是价值。

关于商品的价值价格是由什么决定的这个经济学的基本问题，在历史上，我设想是出于善良的本性，人们曾经设想和相信，越有用的东西就应该越贵，就是说不那么有用的东西应该便宜，比较有用的东西应该贵一些。于是，就出现了"使用价值论"。但是这样一来，很快就经不起推敲了。对人类社会来说，最有用的是水这样的东西，因为如果没有水，人类社会本身就不复存在。然后跟水成为对照的是宝石。懂得一点经济学的人都知道，"水和宝石"这个悖论在科学史上是非常著名的。宝石当然也非常有用，但至少有一点，宝石你可以找到代用品，没有宝石，人类社会照样前进，而没有水，人类社会就会灭亡。可是，在现实社会里，水比宝石便宜多了。这样，就否定了使用价值论。

接下来，同样可以设想是一些非常善良的人，他们就开始想，应该是越不容易做出来的东西越贵。这就出来了"劳动价值论"。结果也不是这么一回事。我们知道，双胞胎有一些是同卵双胞胎，还有一些是异卵双胞胎。我曾经看到过一篇文章，说到一对不同卵的双胞胎，出生于同一个家庭，生出来就一个比较聪明，另一个不那么聪明。虽然他们父母一样，家庭一样，出生时间几乎一样，接受的教育也一样，他们自己的努力程度也很难说不一样，但是这对双胞胎后来的社会实现却很不一样。这就不能用劳动价值论来解释了。大家可以想想，很多东西，不一定就是积累的劳动多，价值就一定高。

最近大家非常关注的一件事情，就是有人觉得印度可能会在经济上对中国形成威胁。北京就已经开过几次这样的会。大家最终的结论普遍是，印度要在经济上超过中国，还早呢。但是有一点，印度现在已经比中国强，那就是印度的资源效率要比中国高。所谓资源效率，本来考虑的是这样的问题：每产出一万美元的产值，你需要消耗多少煤炭多少石油？实际运用的是它的倒数，比方说每消耗一吨标准煤，可以生产出多少产值。资源效率最高的是日本，其次是美国。十多年前有一个统计，日本的资源效率大概是中国的十三倍，美国大约是中国的九倍、十倍，印度大约是中国的三倍。我们的资源效率为什么那么低呢？表现上看，我们的经济发展得很不错，可是我们的资源消耗得太厉害，我们的污染太厉害。大家可以想想，其实这里面的根子就是劳动价值论。你看看过去和现在一些政治经济学教科书是怎么说的就知道了。它们自称是马克思主义的，我说它们是假马克思主义。这些教科书说，一定要有劳动凝结在里面，才有价值。那么我现在问一下，我们现在跟日本争这个钓鱼岛，难道这个钓鱼岛凝结了人类的什么劳动在里面吗？再讲我们挖的煤炭，煤炭形成于人类出现之前，它到底凝结了多少人类的劳动价值在里面？其实，它们都是大自然的杰作，是大自然的结晶，是我们这块土地赋予我们的。我记得非常清楚，我在广州念完高中，上北京读大学，坐火车经过清澈碧蓝的北江离开广东，两岸是茂密的原始森林。可是那时候已经开始砍伐原始森林了。现在北江两岸也有森林覆盖，但那不是原始森林，只是因为广东气候条件好，新长出来了次生林。原始森林有什么劳动凝结在里面？怪不得过去我们计算木材的价格，就只算雇了多少工人，用了多少柴油或者电力把它砍下来，拖到江边，运到你那个地方，就只算这个劳动成本。这样算，我们的资源有什么办法能不被浪费？本来，价格是最权威的市场信号，应该是资源稀缺性的度量，这不是单单用劳动量或其变种能够能衡量的。这个道理，现在大家都明白了。山西是个资源大省，以前的情况却是，煤炭挖得越多，山西越穷。这样的一个格局一旦形成，化解并不容易。它的后果之一，就是我们的资源效率直到现在还落在印度后面。

这样的后果，我觉得是那些假马克思主义的经济学理论带来的。翻开《史记》，《史记·货殖列传》里面就有一段话，不但讲到现在老百姓都明白的"物以稀为贵"的道理，而且还讲到，不需要人特别去指挥，社会的经济就能够自己运作起来。这个思想比亚当·斯密还早了一千多年，是非常出色的洞察。可惜我的文学修养不够，不能够把这段话背出来。

罗卫东（以下简称罗）：比《史记》更早的《管子》里面，就已经有了这样的叙述。

王：是的。我也引用过《管子》的句子，它更直接表达物以稀为贵的意思。抱歉现在一下子想不起来。

老百姓都知道"物以稀为贵"，从来就不会说"物以劳（动）为贵"，后者是五十年来的教育硬灌输给我们的思想，然后我们整个计划体系就按照这个思想来运作了。大家不要以为理论是空的，其实理论是真的实的，弄得不好，可以给我们带来很大的危害。以前我们讲一个人"政治好"，就是讲他的出身好，这样一个理论它马上就会贯彻下来的：你出身不好，你一边去！如果经济学理论是劳动价值论的，就会造成资源浪费。我之所以说那是假马克思主义的经济学理论，是因为我们都知道，按照邓小平的说法，马克思主义的精髓，是实事求是。

我把这些作为人们的智慧被善良所蒙蔽的例子。历史上，使用价值论、劳动价值论，都不是老百姓提出来的，而是经济学家提出来的。提出这些理论的，都是当时的大经济学家，他们的智慧为什么被蒙蔽了？他们到底是不是被善良蒙蔽了，我不知道，但至少我可以想象，如果一个人过分善良，很容易被类似这样的理论所蒙蔽。

刚才说到，我感到最欣慰的，就是还算一个比较好的教师。有人说，现在像我这样用心教书的老教师，已经不是很多了。应该说，对于教书，我是非常享受的。但是享受之下，我也看到一个情况，这就是我们许多学生，学了很多东西以后，却表现出缺乏常识理性，就是说，他们经常把常识的东西给忘了。这里有一个很典型的例子。

1997年1月，《光明日报》用一整版的篇幅，登载长篇通讯《一个小保姆和一部未出版的书》。在我的记忆中，《光明日报》用一整版的篇幅来宣传一个人，这个小保姆是第一个。这件事情是怎样的呢？被歌颂的那个小保姆，她从来没有受过高等教育，但是通过自己苦学，结果写出了学术巨著。那个小保姆的两部著作，一部是《"当代帝国主义论"的新发展》，另一部是《西方经济学透视》。我自认已经在经济学领域中泡了这么久了，但绝对不敢写这种书，在我心目中，必须是大师级的人物，至少要像丁丁这样的学者，才有资格写这种书。恐怕丁丁也不会去写，但偏偏就是这样一个小保姆写出来了。《光明日报》的报道说，这个小保姆，"十四岁考大学"，"十五岁考研受挫"，"16天写18万字"。在她通过保姆市场的"双向选择"来到北京一个家庭当小保姆后，还打赢了好几场官司。

这个故事具体是这样的:陕西有一个学生,她考大学不顺利,据说本来考上中山大学了,可是因为身高不够之类的原因,没有被录取,但她非常用功,然后去考研,各门课成绩都不错,但只有一门课考得不好,差了几分,结果受挫。后来,她遇到西北大学的文教授。文教授是考古学家,鼓励和帮助她,结果她跟了文教授不久,几个月的时间就写出了两篇考古学的论文,好像是关于仰韶文化什么的。有一次,她把论文送到北京的一个会议,被选中了,这个细节可能是真的,因为有不少会议,都是有文章交上来就行了,来一篇就算一篇。论文被选中后,教授又带她到了北京,介绍给一些学者。这样她就在北京住下来了,当小保姆。她当小保姆不计较钱,就希望能有时间看书,谁家里书多,她就给谁做。最后她做了李家的保姆,李先生是国家某经济职能局的前局长,地位很高。文章说李先生是在保姆市场上与她认识的,经过"双向选择",她到了李家。这位小保姆以"16天写18万字"的速度完成的著作,水平怎么样?《光明日报》的文章说,很多专家,有名有姓的专家,都给予好评,这里面除了李先生以外,还有李教授,中国社会科学院某国际政治经济类研究所前所长,还有西北大学经济学院的何教授。这些德高望重的学者和官员,都给予小保姆的著作很高评价。这个小保姆,她考古又行,经济学又行,打官司也行,考托福也得高分。当时我看到这篇文章,觉得比较离谱,离开常理太远。

转眼学校开学,我给研究生上课。在第一堂课,我用半个小时讲这件事情,讲的时候我没有发出预警,而只是按照《光明日报》文章的口径介绍这个小保姆。讲完后,我问这些研究生感觉怎么样。结果绝大部分同学都佩服得不得了。这种情况是很要命的。我当时就觉得,这些同学真是太善良了。他们体会的是,这个保姆这么艰苦,这么聪明,然后遭遇怎么样怎么样,还是做出来这么了不起的成绩……我们就应该更加努力学习……在这之后不久,《南方周末》以头版头条的通栏标题《一个保姆和她编织的谎言》,发表文章把调查真相公布出来,原来完全是假的。

那张报纸,我今天也带来了。我们的同学真是非常善良。这件事情很应该发人深省。由此我痛感,你学了那么多东西以后,老师让你做题,你会做,让你解决什么问题,你会解决,可是你没有自己的判断。这样是不行的。至于小保姆的故事,症结并不在小保姆,在于我们的学术环境。

还有去年的一件事情。2004年1月,当2003年的报表数据出来以后,传媒一片叫好,因为在过去的一年,我们战胜了SARS,取得了这么好的成绩,很不容易。不过当时也有一些稍微不同的声音,这些声音可能先是从《北京青年报》发出来的。《北京青年报》至少在几年前是很有影响的。原来我给《南方周末》写过几篇小稿,《北京青年报》跟我约稿的时候就说,"虽然我们的影响没有《南方周末》那么大,可是我们在北京地区的影响也是很大的。"《北京青年报》就从2003年的统计数据中抓出了一件事情,说的是虽然北京人民生活水平有很大提高,但是到2003年年底,还有接近六成的人生活在平均线以下。又过了几天,《中国经济时报》就这件事情发表了评论文章。《中国经济时报》是国务院发展研究中心主办的,我们搞经济和经济学的人经常看,上面经常有一些非常好的文章。《中国经济时报》的这篇文章发表在头版,篇幅很大,题目是《令人耿耿于怀的平均线》,说"一片叫好声中",只有《北京青年报》指出,还有接近六成的人生活在平均线下面,这是多么令人"耿耿于怀"的事情!接下来还讲了很多很多其他的东西,长篇大论。

正在这个时候,我们学校先后进行研究生入学面试。报考我们学院的研究生非常多,好几百人,但我参与掌握的那个专业,不那么热门,而且许多人怕,不敢考,所以报考的人不是太多。参加我参与主持面试的考生中,有十几个是考博士生的、十几个是考硕士生的,我们按照120%的比例确定参加面试的人。这二十几个人参加面试的时候,我把《中国经济时报》这篇头版评论文章复印下来发给他们,布置他们在做准备的时候,先读这篇文章,然后写一篇几百字的评论给我。其实我也想顺便看看这些同学的文字功夫怎样。结果这二十几个考生里头,只有一个同学,来自浙江财经学院的,说六成居民生活在平均线以下,是很正常的现象,不值得大做文章。她没有跟着文章的渲染走。这个同学被我们录取了。硕士研究生我们这个专业一共录取了十个人,她的笔试成绩排在第十二名,比其他学生要差几分。

这种事情,首先需要常识的判断。一个社会,如果是像太平天国所宣称的那样，人人都一样，那当然就没有话说。只要这个社会稍许有点贫富差距，六成或六成以上的居民收入低于平均线，几乎就是放之四海而皆准的定律。不信的话，你可以去查一下瑞典、丹麦、芬兰这些福利国家。但是我也可以给你一个数据模型。假定一个地方居民从穷到富分成10组，每组收入水平只递增15%，这样一种贫富差距是非常温和的，最高那组的收入，是最低那组的1.15的9次方。这个数字很容易算出来，最富那组收入是最穷那组的大约3.5倍。这是非常非常温和的贫富差距，因为我们的现实数字要比3.5高很多。但是即使是每组收入只递增15%，也有超过六成的居民生活在平均线下面。就这事，我还找了一个学得比较好的学生来计算过。那是在寒假里面，这个同学比较早回到学校，我请那个同学就上述数据去算一下基尼系数，结果他算出来的基尼系数很大，说已经超过警戒线很多了。我说不对，肯定算错了。他再算了一次，还是第一次算出来的那个很大的数字。这时候我要求他想想，按道理这么大的基尼系数对不对，终于到第三天，他才算对了。我今天要讲的是，这是一个常识的问题。你甚至可以想象有一块楔形的木头，左边的高度是1，右边的高度是4，分成宽度相等的10段。这样的木头，你看它的重心在哪里？你看看是不是有六成多的宽度位于重心左面？这应该给我们以启示。为此，我写了一篇文章，题目就叫作《有趣的平均数渲染》。

我们国家经济生活中的问题仍然很多，贫富差距的情况尤其严重。我甚至觉得，我们国家如果会栽什么跟头，那很可能就是栽在贫富差距太大上面。问题是要说这个事,得找别的理,甚至怀疑是不是只有不到六成的居民生活在平均线以下,这都是可以的。但是不能把"六成居民生活在平均线以下"作为贫富差距大的依据。

这样的事情,其实萨缪尔森早就告诫过我们。高鸿业教授在坐冷板凳时期翻译萨缪尔森《经济学》第十版并且在商务印书馆出版,主体内容做得非常好。开篇不久,萨缪尔森就告诫他的读者:"文字是靠不住的,因为人们对文字的反应并非不偏不倚。"比方说一队人去登山,你发一条新闻说"半数队员成功登顶",然后另外一个人又发一条新闻说"半数队员未能登顶",他们说的其实是一回事,可是受众的感觉就硬是不一样。这种感觉骗骗别人可以,可是现在非常可怕的就是,它已经骗倒了我们的经济学研究生。你经济学已经学了那么多,老师叫你做一个题目,叫你论证一件事情,你都会,可是你没有自己的判断。要论证一件事情,老百姓是不会的,但是你会,因为你已经学了那么多的东西。可是面对一些常识问题的时候,你却没有了判断。这真是非常要命。

回到教育上面,我们不能蔑视常识,不能没有起码的判断。小学时候做应用题,老师就要求我们验算,其实主要是学习判断;后来到了中学,学了一元二次方程,因为要开根号,题目一般有两个解,老师要求我们判断哪一个解合理,把不合理的解舍去。小学中学老师一直训练我们判断,想不到经济学学得多了以后,反而不会判断了。这是我很着急的一件事情。

下面还有一个可以成为经典的例子。这个例子反映我们整个学术环境和学术生态的问题。大家记得,大约在七八年前,联合国有一个文件,提出了"知识经济"这个概念,于是在我们国家,"知识经济"一下子就热闹起来。我记得,在短短两三个月里头,书店里就出现了十几本新书,都写知识经济。这个概念出现还没多少时间啊,怎么那么快就写出那么多理论著作呢?现在,那些书早已经没有人看了,它们的价值可想而知。在知识经济炒得最热闹的时候我说,关于知识经济这个概念,讲得最准确的,其实是差不多一百年之前的萧伯纳。萧伯纳说:"我有一个苹果,你有一个苹果,我们交换,还是一人一个苹果;我有一个主意,你有一个主意,如果我们交换,那我们每个人就都有了两个主意。"这段话是邵滨鸿女士发掘出来的,其实已经把知识经济最要紧的东西说出来了。你有一个很好的主意,要想出这个主意来是很不容易的,但这个主意想出来以后,交换给我却非常容易,就像好莱坞做一部电影,它要花几千万美元,最后做成数码产品,如果你要复制,两三块钱就拷贝过来了。你不是靠资源的投入实现经济增长,而是靠主意、靠知识来使你的经济发展上去,我想知识经济大体上说的就是这么一回事。离开这个要点,不过是廉价的炒作而已。

正在这个时候,我们国家有一位副教授和他的博士研究生导师一起,写了一本书,叫作《知识经济的测度理论与方法》。他们不仅讲知识经济的理论,还讲知识经济的测度和测度方法。理论都不清楚,怎么就能够测度了?我把他们整本书翻了一下,发现其中只有一个东西是他们的首创,叫作"信息资源丰裕系数"。知识经济搞得好搞不好，先不谈了，远得很呢，"信息资源丰裕系数"的测定，倒似乎是可以先做一做的。那么这个"信息资源丰裕系数"R是怎么搞出来的呢？按照他们的定义，所谓"信息资源丰裕系数"R，是一个比值，其中分母是M，分子是从P_1加到P_4，再从Q_1加到Q_6，然后从T_1加到T_5，写出来就是：

$$R = ((P_1+P_2+P_3+P_4) + (Q_1+Q_2+Q_3+Q_4+Q_5+Q_6) + (T_1+T_2+T_3+T_4+T_5)) / M$$

其中，M代表测度期测度范围内的人口总数，P_1代表数据库数量，P_2代表获得专利和商标数量，P_3代表图书报刊出版数量，P_4代表视听产品生产数量，Q_1代表计算机拥有量，Q_2代表文化设施拥有量（图书馆、信息中心、档案馆、博物馆和文化馆），Q_3代表新闻设施拥有量（电台、电视台），Q_4代表娱乐设施拥有量（电影院、剧院、体育馆和电视机拥有量），Q_5代表邮电设施拥有量（邮电局网点、邮电业务量），Q_6代表通讯设施拥有量（通讯网点、电话机拥有量），T_1代表测度范围内的识字人数（或识字率），T_2代表中小学、高等教育在校人数（或教育机构普及率），T_3代表科研人员数（或科研机构普及率），T_4代表政府部门人数，T_5代表咨询机构人数。

这是非常奇怪的东西。人口M先不讲，分子这些东西怎么可以这样加起来？文化设施，包括博物馆、大剧院等等。我们听说过北京盖那个大剧院要许多个亿,上海盖那个大剧院也花了好几个亿。通讯设施拥有量,其中有一项,荒唐到包括电话机拥有量。电话机几十块钱买一部,你把几十块钱买一部的电话机,和北京、上海花多少个亿盖起来的大剧院,就1+1那么直接加起来,权重完全一样。这样的系数R怎么可以拿出来呢?其实我们小学的老师已经谆谆教导我们,不同单位的东西不可以平权相加。虽然小学生没有平权这个概念,但是他们已经知道,不同单位的东西,不能够这样相加。可是现在,一部电话机的1和一座大剧院的1,就这么1+1=2地加起来了,然后去计算"丰裕系数"。这位副教授还真的就这样做了,把日本的"信息资源丰裕系数"、美国的"信息资源丰裕系数"、印度的"信息资源丰裕系数"、新加坡的"信息资源丰裕系数",都像模像样地算了一遍。我觉得真是奇怪,他怎么算得出来这种东西?这明明是一个常识性的错误,居然就变得搞不清楚了。前面讲到的平均数还是传媒在搞,这个例子则是学术圈内的人在搞。

在现行的体制下,我们有一些学者颇占便宜,他们一方面懂得一些新的东西,一方面又懂得在必要时从意识形态的角度"批判"这些新的东西。以往许多关于"西方经济学"的书不就是这样吗,几乎每一章最后都有意识形态的评论,保证立于不败之地。

多年以前我曾经跟相关学者交换意见,提出"信息经济"和"信息经济学"是完全不同的概念,把网络和IT纳入信息经济学这样搞不对;信息经济学所对付的问题,前提就是存在信息不对称。

大约十年前,我国一个很高层的"信息经济学"代表团访问美国,那时钱颖一(Y.Y.Qian)教授还在斯坦福大学,他们要求钱颖一教授帮忙联络一位有名的经济学家,跟他们谈谈信息经济学。钱颖一教授就把阿罗教授请来了,他是信息经济学的元老级人物。但是谈着谈着就发现不对了,原来代表团关心的却是信息高速公路、网络技术之类的信息产业问题。这是有记录的,钱颖一教授写出来发表了作为例子。

前年我写了一本小册子,题目是《感受普林斯顿》。我们国家曾经起劲地合并大学,现在又拼命扩充大学。当年的大学毕业生,2000年是180万,去年是280万,2008年将是400万。这种速度是"大跃进"年代也没有过的,在人类历史上恐怕也没有出现过。大学是不是一定要大,学生是不是一定就越多越好?这些年权威的美国大学排名中,普林斯顿有几次位列第一。普林斯顿是一所只有六千学生的大学,而且以本科生为主,普林斯顿就是以她的重视本科生自诩的。从人均基金上看,普林斯顿比哈佛还高很多。哈佛当然很了不起,但是普林斯顿没有法学院,没有医学院,也没有商学院,却经常排名第一,也很了不起。美国有两所学校,普林斯顿和加州理工,都是以本科生为主的。加州理工也很了不起,也常常名列前茅,我们国家老一辈的科技精英,许多都是加州理工出来的,像周培源、钱学森、郭永怀、谈家桢等等。加州理工的人更少,比较偏重于理工,因为它原来有军工背景,普林斯顿原来比较偏重于人文。

普林斯顿高等研究院,是一个非常成功的独立的学术机构,爱因斯坦的后半生都在那里度过。最近几天,正值爱因斯坦逝世五十周年纪念活动,我也写了一篇文章,缅怀普林斯顿,那是我在国外居留时间最长的地方。高等研究院的院徽上铭刻的motto,即箴言,写的是Truth和Beauty[1],中文意思是"真和美"。中国人一开口就是讲"真善美",人家这个箴言,却少了一个"善"字。我今天的讲话,就是借这个院徽给"善"字打一个问号,我的那篇短文的题目就是《智慧何以被善良蒙蔽》。你可能善良地觉得因为它最有用,所以应该最值钱;或者善良地觉得它最难被做出来,所以应该最值钱。结果都远离真理。或者你更善良,你知道他是院士,知道他是学科评议组成员,就以为他一定掌握真理。在这个意义上,我劝同学们不要太善良,要有自己的判断。当然,你们要紧的是学习,而不是抗争。我都抗争不过来,何况你们。但是情况你们要知道,要心中有数。

最后我还是要讲一下老本行经济学。对经济学,长期有一种说法,叫作"a dismal science",通常被翻译为经济学是一个沉闷的学科。但是对这句话,至少在二十多年前,已经有一个新的解

---

[1] 普林斯顿高等研究院的院徽,是法国艺术家图林(M. Pierre Turin)1932年的作品。高等研究院首任院长弗雷克斯纳(Abraham Flexner)要求院徽避免大学校徽盾形纹章的老套,突出真和美两个字。图林创作的这个圆形院徽,中心的抽象派浮雕,是果树下的两个女性,裸体为"真",着装成"美",果树出于图林的创意,象征知识。外圈的文字,是INSTITUTE FOR ADVANCED STUDY, FOUNDED 1930,圈内在裸女旁刻着TRUTH,在淑女旁刻着BEAUTY。

说。就我的阅历所及，这个新的解说首先是由美国洛杉矶加州大学的杰克·赫胥雷弗（Jack Hirshleifer）教授给出的。我自己入经济学的门，是看邹至庄教授向我推荐的杰克·赫胥雷弗的《价格理论与应用》(*Price Theory and Applications*)。杰克·赫胥雷弗是张五常的一位老师，张五常的张扬大家都知道，包括说没有几个经济学诺贝尔奖获得者可以和他相比。张五常手下留情的老师不多，其中一个就是杰克·赫胥雷弗。张五常一直批评博弈论没有用，说"博弈论搞了这么多年，你举个例子给我看"。其实没有人跟他较真就是了。他的老师杰克·赫胥雷弗在大前年或者更早，得了美国经济学会杰出成就奖，其中一个原因就是因为在博弈论方面的贡献。

我同意杰克·赫胥雷弗的看法。如果历史上经济学曾经是一门沉闷的学科的话，那么自从马歇尔和萨缪尔森以来，经济学已经变得很有趣了。今天一再提到的信息经济学就是这样，入门比较容易。在经济学的新发展里面，需要预备知识这么少的，我看就是信息经济学了，如果大家有兴趣，我可以花个把小时给大家讲一讲。今天是没有时间了。

杰克·赫胥雷弗的《价格理论与应用》开头就写着，Economics has been called the "dismal science" because economists often bring bad news. They point out that a superficially appealing project may turn out not to be such a great idea once the responses of all the affected individuals are considered. 可不是吗，经济学不是讨人喜欢的科

学，认真的经济学家常常给人们带来泼冷水似的意见。当许多人已经因为炒股票发得不明不白的时候，你去告诫他不要盲目向股票市场投资，他很难听得进去。这真应了上引的话："经济学一直被称为是'不讨好的科学'，因为经济学家经常带来坏消息。他们会指出一个表面上看来很吸引人的项目，很可能结局并不那么美妙……"就说发财梦吧，你看，那么多人炒股票发了财，似乎他也去炒股票是一个"很吸引人的项目"。在那个时候，他怎么听得进去"很可能结局并不美妙"呢？但是结局果然不那么美妙，许多人被套牢。关于最低工资法的设立也是这样，经济学家并不只是看到它的好处，还看到设立有效的最低工资会增加失业。

经济学作为 a dismal science，过去一直被翻译为"沉闷的科学"，强调经济学本身沉闷。其实，一个世纪以来，现代经济学早已不再沉闷。那么多学子选择经济学，学得津津有味，就是一个证明。在我看来，学经济学的人，明白经济学不是讨人喜欢的科学，这样来理解经济学是 dismal science，学理上比较讲得过去。没有这个认识，经济学就走不出诠释政策的"小媳妇"的天地。

所以对于一个项目，一般人的思路是提出问题——problem，找到解决办法——solution。但我们经济学家还要考虑后果——consequence。有了这个问题，你采用某个办法去对付，还要看实施这个办法是不是会带来什么其他后果。这就是经济学需要做的。经济学已经非常有趣。我的许多学生学经济学，题目做出来，会很有成就感，就是一个说明。但是经济学应该比人家看到的再远一点，要指出各方面的可能效应是什么，它们综合起来，会是怎样的效果。萨缪尔森举过看游行的例子。美国首都华盛顿春天有樱花游行，加州有新年花车游行。你到街上去看，但挤在人群里面看不清楚。这时候人家给你出主意，让你踮起脚来，不就看得清楚一些了吗？但萨缪尔森说，如果每个人都踮起脚来的话，那就只有支出了，视野并没有得到改善。这当然首先是"合成伴谬"的一个例子。总之，经济学要看到多一点东西，除了提出解决办法 solution 外，还要看到后果 consequence。所以我觉得经济学非常有趣，但是它的品质不是讨好的。

所以，Economics is a dismal science 这种说法是否翻译为"经济学是不讨好的学科"比较好，请大家斟酌。我今天讲这些话肯定也不讨好，但我觉得还是应该给同学们讲一讲。不讨好，是经济学的气质。

我就先讲这些。谢谢。

汪：在王老师讲之前，我们这些人，跟上午讨论的人一起，都在琢磨，您这儿讲的常识理性，到底是什么？

罗：现在许多学生学经济学还是因为他们善良。大部分人学经济学可能还是不会如您所说的感到有乐趣。如果有乐趣，还真的是好事。

叶：但是我相信中山大学听王老师课的学生，肯定会觉得学习经济学是有乐趣的。有些老师，确实是能够将经济学中的乐趣带给学生的。我觉得老师非常重要，尤其是像王老师这样的老师。

王：经济学的确可以学得很有意思。我一直坚持给学生上课，今年以前，还一直给本科生上课。我自己也非常享受。当然啦，就像经济的走向是由强势集团所左右的一样，我也知道教师的反应，主要是由学得好的学生给出的。所以有些学生说他做出了题目有成就感的时候，我这个老师也就很有成就感了。我没有别的本事，就是教书。技术上，我是数学出身，但是我上课，两节课下来，一般不会写满一个黑板。有一些年轻博士，特别是教高等微观（经济学）、高等宏观（经济学）的，一黑板一黑板公式写下来，那是让学生受罪。甚至他自己是不是已经懂了，也需要打个问号。也许只不过是因为人家书上写满了公式，所以他在黑板上也写满公式。当然，对此不能求全责备，需要一个过程。年轻人上来了，有他们的长处，应该多给他们一些机会，他们在教学实践中也一定不断有所体会，不断有所提高，会教得更好。关于大学教育，我更加担心的，是扩招步伐太快造成生源质量下降和教学质量下降，学得不那么好的同学的比例在上升。这个事情我觉得很无奈。你这样扩招，100多万到280万到400万，质量下降恐怕就难以避免了。

听众：春运的时候，火车票很紧张，这是一个事实。但是有一个很强的声音，就是认为火车票紧张是因为价格低，认为火车票应该涨价。对应于王老师刚才讲的"善良蒙蔽智慧"，这里面是不是有另外一种蒙蔽？您对这个问题怎么看？

王：以前我就谈过这个问题。中国社会曾经有一个很奇怪的现象：飞机票不准降价，火车票不准涨价。我自己的看法，就是火车票的名义价格，应该高一些，平时火车票打折，到春节的时候执行名义价格。春节火车票那么紧张，黄牛党那么猖狂，这就说明价格背离供求了，背离火车票的稀缺性了。这个问题上就是善良蒙蔽了智慧。但这也要看对象，如果我能够跟学生讲清楚这个道理，我就跟他们讲。如果老百姓老是不理解，我也不能够一定要求他们理解。今年在媒体上就是一面倒的声音，有的标题已经非常煽情了，说如果火车票涨价，就是"剥夺农民工回家过年的权利"。报纸上通篇这样说，那说理的空间就很少了。今年也有传媒找我要我再写文章，我对他们说，我都已经写过了，没有新的东西需要补充。

听众：我看过王教授您的文章。对这样的问题，确实需要常识也需要经济学的训练，才能回答得清楚。但是在中国，铁路和其他交通都是政府垄断的，这是个事实。我们讲用价格机制来配置资源的时候，其实是有一个前提的，它是没有垄断的，市场是自由竞争的。没有自由竞争的时候，价格机制配置资源是不是一个好的办法？更进一步说，社会上的每一个个体，都应该有等度的自由、等度的机会来获取财富，这就是说民工的子女，与北京市的小孩，他们应该有同等的上大学的机会。当这些机会都均等的时候，由价格机制来配置资源是没有问题的。但是现在的事实是，一方面，火车票是铁路部门独家垄断的；另一方面，这个社会中有许多人，比如说民工，他们确实是从出生的第一天开始，就不能在这个社会上得到同等的机会。这种情况下,再让火车票涨价,他们怎么办?

王:我明白你的意思。你谈到民工的权利,比如说受教育的权利。这个问题可以这样看。无论你采用什么措施,最后的结果,你不能破坏基本规则。你讲机会平等,我要问的一个问题是,人们持有的货币是否应该平等?如果为了一些人的权利,而采取一些特殊措施,那会有问题的。我们国家以前有特供商店,有特殊身份的人才可以到这些店里买东西,你这个东西,十块钱买来的,很糟糕;他那个东西,两块钱买来的,却很好。那么现在是不是要采取什么措施,让民工买得到火车票,让其他人买不到呢?我想在市场上,货币要等值。你还谈到民工孩子受教育的权利,这仍然要注意做到钞票面前人人平等。我可能概括得不是很准确,应该让民工孩子和有城市户口的孩子交同样的学费。现在的问题是民工子女要交额外的入学费用,这个是最不合理的。高考问题上,要分数平等,不能说像北京那样,入学率高到不得了的程度,别的地方名额却少很多。要按这个思路解决。或者对穷的孩子,政府还可以免他的学费。免学费,实际上是一种转移支付,这都是可以算出钱来的。

我不赞成人为地把火车票弄得这么低。弄得这么低,就造成供不应求,然后里头就有很多其他事情发生了。铁路的一些部门欢迎这么做,因为票紧张了,你要给我好处,我才给你票。黄牛党也欢迎这么做。其他真正需要火车票的人,即使去排上几天几夜的队，也要很好运气才能买到火车票。其实排队几天几夜，你不能不把它折算成货币。

经济现象里面还有两个类似的例子。十多年前，有个反暴利法。反暴利法，我认为是没有道理的。战争年代或者非常状态，可能需要反暴利法；计划经济的时候，因为资源都由政府控制，反暴利还有一点道理；市场经济以后，不应该有单纯的反暴利法。还有一样东西，也是不用反的，就是最低消费。我开一个饭馆，你要包一个厅，你要保证最低消费。这种东西，经济发展以后，你不用反它它自己也会消失。你现在到广州看看，很多饭店不搞最低消费了，因为常常是谁搞谁倒霉。反暴利法也是这个样子，没有用，经济发展好了，就会解决。

汪：振华的这个看法，是有些他个人的生活体验在里面的。对此，我也是比较赞同的。我在这里解释一下。自由市场就是一个价格机制，若要妨碍它正常运作，你就要付出妨碍价格机制发挥最优作用的代价，然后你再来权衡这个代价是高了还是低了。王教授刚才的看法是，如果不提价，尽管这个愿望是善良的，但是民工最终未必能够买得到便宜火车票，就是说代价未必低。但是振华的问题意识在于，我们这个市场经济不是西方原发性的健康的市场经济，社会的权利结构也是极端扭曲的，权势集团控制着很多很多的社会资源，社会上的弱势群体则完全没有任何资源。这就说明初始权利不够均等化，也就是说资源配置的初始起点根本达不到，或者说必须要经过初始资源的一次再分配，才可能有民工买得起的火车票。否则的话，民工在建筑工地上干完活，又拿不到钱，工头给的是白条，他们回家就没钱。这样，民工的权力，这里是power，还不是right，这种政治权力，都还是扭曲的，在这种情况下，就像诺斯说的那样，只有通过政治博弈，把政治规则确定之后，才可能发生经济资源市场正常配置，自由市场才是可能的。我想振华说的可能是这个意思。振华的论文是作奥地利学派的。

王：就像刚才丁丁讲到的，干扰市场经济的运行，你是要付出代价的，也许你一下子还不清楚这个代价在哪里。但是另外一方面，我觉得关心弱势群体，应该采取另外的办法，包括政府必要的转移支付。比方说现在搞的反哺农业（做得怎么样，是另外的问题）。总的来讲，在火车票问题上，现在黄牛党那么厉害，春节的时候你要出动那么多的警察，这个代价是很高的，这里面是有问题的。

听众：这个问题我在一篇文章里面已经说得很清楚了，"本无市场，谈何价格"。对于价格管制，张五常讲租值耗散，这个现在也已经成为常识了，这些我都同意。我要讲的是，在火车票这个问题上，我们往往用另外一种智慧、另外一种善良蒙蔽了一种智慧。我们以为市场是有效的，这可能是一种智慧，但其实事实上市场不是有效的，如果我们还是相信以市场机制可以来解决问题，这可能就是以一种智慧蒙蔽了另一种智慧。

王：我想，你的意思我大概是明白的。你讲的是垄断的问题。现在铁路是垄断的，但我觉得这个问题也是可以解决的。过去我们以为只要是网络的，就是没有办法竞争的，总是自然垄断的。现在已经不这样看了，同样是网络，电信已经开始竞争了，现在联通和移动竞争得这么厉害，得到好处的是消费者。另外，铁路火车票供不应求的时候，汽车就会跟它竞争了。所以那些人说"剥夺民工回家过年的权利"，这种说法是太煽情了。至少长途汽车还多的是。

有些地方确实很穷，有些地方还有另外的问题。其实有些包工头也是很惨的。我以前以为包工头都很坏，后来发现不少包工头也是很惨的。工程做了，他拿不到钱，民工追他，把他打死都有的。这是另外的问题。我觉得竞争可以解决很多问题。

听众：王教授对这次全国范围内的抵制日货怎么看？

王：抵制日货，我觉得至少是非理性的。如果中国产品好，我们谁不愿意用国货？对于"小日本"，我们普遍有点讨厌。你看德国人多好，总理到波兰去下跪，一再认错。日本人一向看不起我们。当然这里面也有我们自己的原因。

我们是否可以认识这样一个背景：如果中国跟日本发生局部的常规战争，我们不一定打得过。现在打仗不是靠勇敢不怕死。你还没到人家跟前，可能就已经没命了。好在我们有原子弹。问题是怎么能够设想使用原子弹呢？有人问，钓鱼岛日本军舰去了，中国军舰为什么不去？这里头很复杂。首先怪我们"大跃进"、"文化大革命"把自己搞坏了。1950年代日本是怕中国的。我在广州记得很清楚，1958年以前，香港不比广州富多少。当年很多香港人到广州念书，我的很多同学都是那边来的。香港明显比广州富起来，是1958年以后的事情。有些人愿意到香港，并不是那个时候香港很富，而是因为觉得香港自由。

我看现在，我们还是低姿态一些好。

听众：我觉得是不是应该把抵制日货这个热情转到提高民族产业的素质上来。中国是个加工工厂，抵制日货受害的可能并不是日本，而是中国。第二，中国出口到日本的货值，占中国出口的三分之一左右。如果双方发生贸易战的话，损害更大的是中国。第三，中国有些产品并不好。我觉得真正的爱国，应该是支持民族产业提高素质。

王：我没有文字记录，但是在我印象里头，邓小平有两样事情是讲得非常精彩的。第一个事情就是香港。有一次，邓小平跟香港人士谈话的时候，谈到五十年不变，人家问他五十年以后怎样，邓小平说（大意），五十年以后就更不用变了。这句话现在没什么人提。有些官员说五十年后就由不得香港了，我觉得邓小平的意思不是这样，其中的意味，大家可以慢慢体味。第二个事情，据说邓小平有个政治遗言，就是中国不能跟美国对抗。这是很明智的。所以有些事情我们虽然很痛心，像王伟撞机、驻南斯拉夫大使馆被炸，很痛心，但也只能适可而止。

近代史和现代史告诉我们，世界大国没有和平崛起的先例。当年德国和日本的崛起，就表现为一系列战争，包括两次世界大战。中国是后崛起国家，我们只能够走和平崛起的路。但是，别人总是容易怀疑我们的和平崛起。

听众：我觉得我们的产业结构要大力调整。要发展高新技术产业，增加产品的原创性……

王：对的。相信你说的是政府产业政策的指导思想怎么变，但还有更重要的一个，就是市场会教育我们怎么变。当然已经发生的进展，比起我们的愿望来说，总是慢一些。

听众：去年开始的宏观调控，对工业、房地产业进行了调整，这里面还涉及农民的土地征用问题。像浙江这个地方，同样征用一亩地，具体操作的时候，可能会很不相同。补偿给农民可能是二三十块钱一个平方米，但后来转卖的时候可能是二三百万元一亩。下一步浙江还能不能再通过这个方式来提供土地……

王：你讲的这个问题很重要。但似乎跟我们今天的话题没有直接关系。我们经济生活中确实有很多东西是没有章法的，特别是征地。

一个很大的问题是官员手里掌握的资源实在是太多了。例如大学城，这里搞了以后，又到那里去搞。至于大学大幅度扩招和其他一些事情，其实一些学校的校长书记都不想做，但是上级官员把他们叫去，说现在给你们一块地，你们要不要，如果不要，就不再给你们钱。没有办法啊，几十几百个亿都在他手里。

你谈的征地不讲道理，补偿又不到位，这种情况很多。但是今天不谈这个问题。

汪：我替王教授回答一下。浙江的情况，毕竟和其他地方有些不一样。浙江有些地方的政府,与外地的政府,实际上有一种竞争。因为浙江的民营企业中有相当多,可能有几千家了,开始转移到上海。为什么呢?因为企业用地的成本,浙江大概是上海的五到六倍,浙江大概是十几万到二十几万一亩,上海大概是二三万到五六万一亩。这样的情况下,他就要问这个问题了:企业在浙江拿地真的有这么贵吗?因为实际上农民并没有拿到这么多补偿。老姚,我们浙江大学经济学院的院长,这两年组织了学生进行过这方面的调查,发现其实是政府在其中发挥着作用。一旦农用地转为非农用地,就成为国有的了,这是1980年代以后的宪法规定的。土地国有之后,就由政府官员来控制了。政府官员在转让土地的时候有三种方式。如果是协议转让,那是靠走后门的,他可以大量地收取个人的好处,然后以非常低廉的价格转让出去,这就造成了土地资源的极大浪费;如果是公开招标、拍卖的土地,那就真是寸土寸金的了,杭州的楼价就是这么一万一万地涨上去的。因为政府控制了太多的土地资源,很多地产开发商为了争夺土地,不管怎么样,都得上。这样就极大地扭曲了价格机制。我想这位同学的问题意识在这。

王:很多地方都搞开发区,一个县、一个区都搞开发区,浪费很多土地,主要问题就是官员权力太大。如果是企业家去搞,那他肯定是要讲效益的。但是官员去搞,情况就不一样。

汪:在财政学或公共经济学里,有一个著名的猜想,叫作Tiebout猜想(这不是定理,因为没有证明过),就是说如果你允许居民自由迁移,如果地方政府的财政收入(即它能够获取的好处)是和本地居民的人口密度相挂钩的(即人口越多,收取的税越多,政府能得到的好处越大),同时如果迁移成本足够低,这就可以造成地方政府土地政策之间的竞争,而这个竞争最终会有一个 Tiebout 均衡。这个均衡有一个类似于一般均衡的推测,就是资源和人口的配置会达到相对最有效率的状况。所以上海现在吸引了浙江的民企过去,这非常正常,这是对 Tiebout 一般均衡猜想的一个证明,这非常好啊。这促使抵制政府官员的腐败、规范你政府官员的行为,因为这样做了,然后你才能把你的拿地成本降低下来,这样企业家就会回来。企业家就是这样。这是很简单的经济学的道理。但这里的关键不是他们不懂得经济学,关键是问题不是经济学的。

听众:中国产品确实不够好,最后受苦的是消费者。

汪:我可以举一个例子。在抵制日货那几天,在很多 IT 网站上,你都可以看到,头版头条都是"抵制日货,支持民族产品"的广告,但那些东西不能用啊,一用肯定就坏了。不过那几天那些东西就是卖得特别好,而索尼什么的,就没有人买了。这位同学说得对,最后受苦的是消费者。关键是抵制日货难以为继,消费者最终是有逐利倾向的,他不会为了抵制日货而长时间去忍受使用质量低劣的国产货的痛苦。中国人办的企业生产的数码相机可能一按就坏,你不知道它是不是好的。而且我们根本没有办法区分到底谁是民族企业。我们专门在北大组织了学生对所谓民族企业的"成分"进行过调查。企业之间参股,参到30%的时候,你就根本区分不出谁是中国的,谁是外国的了。他是中国人,是某富人的儿子,控制了一个民族企业的51%的股份,但他可能早就加入瑞士籍了,你怎么着?这是哪里的企业?你保护的是谁啊?你搞不清楚啊。这实在是很荒唐,我今天说一句得罪人的话,抵制日货实在很荒唐,抵制哪个国家的货都很荒唐。你得把产权搞清楚。说到底我们对于外国人的情绪,我也可以理解,但是这些情绪还是因为我们自己的问题。说实在的,我们是有情绪,但不能朝着内部发火,这才冲着别人去了。我是北京人,说话很直爽,如果你能上街游行反对另外一些东西,你早就那么做了,根本不用等到反对日本人的时候才去上街。

听众:我还想到韩国工业的发展。多年以前,韩国的三星、LG什么的,也都是质量不太好,也根本没有品牌,但现在都起来了,这是产业政策的成功……

汪:日本、韩国的产业政策都有很多失败的例子。韩国、日本产业政策失败的案例,经济学教科书里面都有。例如韩国的重化工业惨痛失败,导致了韩国1980年代末期、1990年代初期的经济衰退。日本在造船业上、在电子工业上,产业政策都犯过类似的极大的错误。1990年代早期,国务院发展研究中心论证控制冰箱生产线、控制彩电生产线的时候,就有人提出来过,这不就是又要搞韩国模式吗?你政府怎么知道哪个厂、哪条生产线就是可以成功的,就是标准?这样做,早晚要犯日本和韩国的犯过的错误。日本、韩国的经验表明，现在成功的，很可能恰恰是当时政府不让生产的。例如，Honda 汽车，当时是被日本通产省明令禁止生产的，当时日本政府支持的是 Nissan，人家 Honda 是自己冲出来的，到现在搞得全世界都是本田车在跑。你要看看市场的力量是什么样子的。凡是学过经济学的人，在这一点上都不会动摇。你别跟我谈什么民族主义，什么民族主义我都有，我比你还厉害。但只要进入经济学领域，我就要捍卫我这个。真理就是这样，真理不向任何情绪低头。但是出了经济学领域，在这一点上我跟王教授有所不同，出了经济学领域后，我们还要衡量一下代价到底有多大。如果全民投票有了结果，说我们就是这一辈子不想好好过了，就是掉脑袋，也要抵制日货，那我就拿这个"客观价值"当作经济学假设，作为经济学分析的出发点，给你出主意，怎样掉脑袋更合算。经济学就是这个理性啊，它是工具理性啊，它告诉你怎样做合算怎样做不合算。但是我得承认，要有余地承认全民投票掉脑袋的合理性，我承认有这个余地，而王教授呢，他还没提到这个余地。这是我们俩之间的一点区别。我还可以跳出来看一看。就是这个意思。

听众：王老师你刚才提到"最低工资法"。我现在想问的是现在政府搞的下岗工人最低保障会有什么后果？

叶：最低保障是政府财政出钱的，"最低工资法"则要求企业买单，这两者是不同的。

汪：我们的最低工资是不是跟美国的一样？是政府命令企业出

最低工资？企业买单，还是政府买单，这是很关键的问题。

王：我刚才谈到善良，有的时候却也不免要对它屈服。我举广州公共交通让老年人免费享受的例子。杭州这里老年人坐公交车优惠是怎样的？

叶：七十岁以上老人免费。要办一个老年证。

王：那现在广州可能是世界上走得最远的。广州现在是六十岁以上的老人半价，六十五岁以上免费，也要办证。广州的地铁非常好。结果一些老太太，坐地铁从广州这头跑到那头，买了菜再回到这头。我在全世界跑的地方也算多了，人家没有这样免费的，有的地方即使免费，也要分时段，安排在非繁忙时段。但是现在既然广州已经超前实行了，我就难以对抗"善良"，否则整个老年人口找我问罪。我只能说，优惠最好不要放在高峰时段。高峰时段也容易把老人家挤倒啊，这就不好。

我刚才讲，善良可能蒙蔽智慧，我们希望智慧不要被蒙蔽，但并不是让你跟社会上的善良对抗。

广州这么做也是政府工程，决策的市长得到几十万老年人的拥护。企业就比较苦。对企业是有补贴的，但缺口比较大。具体实行下来，发生了一些公共汽车司机看到老年人干脆不停车的情况。的确有一些不好的后果。

叶：广州的公交是政府办的？

王：广州的地铁和公共汽车都是企业办的。广州至少有十几家巴士公司，互相竞争，公共汽车都非常漂亮。股权有部分是国有的，我想这无所谓，因为有竞争。

叶：但杭州是政府办的公交车老年人可以免费，其他的巴士就不可以了。我想这方面可能杭州市政府设想得更周到一点。

王：杭州这边是七十岁，广州是六十五岁，这相差得远了。差五岁，就差很多人了。六十五岁的人还可以跑出去买菜，七十多岁的人就比较难。而且广州是六十岁以上的人就享受半价，在全世界走在最前列。

叶：这肯定会导致资源的过度使用。

汪：我再插一个问题。王教授一开始提到了那些以《读书》和《天涯》为代表的"新左派"知识分子，与自由派知识分子所进行的那场世纪末大论战。那场论战在经济学界表现为秦晖和张曙光之间的争论。这场世纪末大论战影响确实很深远，到现在，许纪霖他们还在拿这个做项目，拿教育部的重点科研基金。我虽然是自由主义这一边的，或者说，我被认为是自由主义这一边的，但是我比较复杂。我试图去理解"新左派"的立场。现在我有这么一个观点，提出来和王教授商榷。"新左派"那些个后现代的话语，很多是如下这样一个建构的过程。经济学家，尤其是好的经济学家，他先把数学符号后面的常识理性全部很好地把握住了，然后他才敢运用数学（这是非常好的经济学家了）。但对此，"新左派"会进一步追问，这个常识是如何建构出来的呢？例如这次抵制日货行动中，我们可以看到许多砸汽车的学生，还有在我周围，有许多老先生，他们中不少是教授，但他们一致地都恨日本人（不知道这是不是有他们个人经历上的原因还是出于其他什么原因），然后还有传媒，也都一致表现出反日情绪。这是为什么？这就是"新左派"所要追问的。

你说我们依赖于常识，反日情绪这里确实没有任何数学符号，一看就知道只是"常识"。但是后现代的，或者"新左派"的知识分子会站出来说，你这是常识吗？这是报纸宣传、媒体建构起来的"常识"，你这世界观是几十年来被灌输的世界观，然后你再在这个世界观底下来看中国人和外国人的关系，你就可能变得非常不理性了。我认为"新左派"的后现代话语，有了这一点，就够了，我们就可以从中学习到一些什么了。我就是对他们这一点表示认同。

王：很有意思，对我很有启发。

叶：那么如果大家没有更多的问题的话，今天就先到这里。王老师这两天很忙的，让我们再次以热烈的掌声感谢王老师给我们带来这么精彩的一个讲座。

王：谢谢大家。

经济学讨论中的假设和模型 [1]

我曾经为《南方都市报》写了一篇小品文，题目是《智慧何以被善良蒙蔽》，其核心内容之一，是稍早发表在吴敬琏老师主编的《比较》第十三辑上的《有趣的"平均数"渲染》。我想强调的是：如果因为善良就模糊了基本的学理，你的经济学就站不住了，最后也谈不上道德和善良。

煽情文字的迷雾

事情是这样的：2004年年初，"北京近六成居民收入低于全市平均线，贫富差距继续拉大"的说法，在各地报纸和新闻网站不胫而走，按照这种说法，"贫富差距继续拉大"的根据，就是"六成居民收入低于平均线"。

其实，六成或六成以上居民收入低于平均线，简直就是放之

---

[1] 2009年12月22日在上海交通大学安泰经济与管理学院的讲座。

四海而皆准的普遍规律。怎么能够由"近六成居民收入低于全市平均线",得出贫富差距继续扩大的结论?当今世界,你找不到一个国家,不是多数人生活在平均线以下。假定一个地方,居民收入从低到高分成平均的 10 组,每组的收入水平只递增 15%,这应该相当温和相当公平了吧,因为按照这样温和的差距幅度,最高收入大约只等于最低收入的 3.5 倍。可是非常简单的计算即可表明,即使在如此公平的情况下,收入低于平均数的居民也已经超过六成。所以,"北京近六成居民收入低于全市平均线",怎么也不能成为"贫富差距继续拉大"的依据。

大家知道,基尼系数是衡量贫富差距的基本度量。基尼系数越小,社会分配越平均。有兴趣的学生,可以作为经济学练习,就上述平均的 10 组每组只递增 15% 这样的情况,计算一下基尼系数。算出来的基尼系数很小,已经把瑞典的接近 0.27 和挪威的大约 0.26 远远抛在后面。可见,"平均 10 组每组只递增 15%"的参照性模型,很可能是人类历史上没有出现过的、按照"平均至上"的愿望也非常理想化的模型。按照这样几近乌托邦的理想化模型,收入低于平均线的居民也在六成以上,我们又怎么能够把"北京接近六成居民收入低于平均线",作为贫富差距继续扩大的依据?

以六成居民收入低于平均线作为贫富差距继续扩大的依据的代表性文章,是平素名声极好的《中国经济时报》刊登在头版位置的"时报时评"《令人耿耿于怀的"平均数"》。说实在话,首次看到"六成居民收入低于全市平均线"的说法的时候,我疑心它是多少成居民"收入低于全市贫困线"的笔误。可是转念一想,就知道不是这样的笔误,因为不管北京有没有设立贫困线,即使有这样的贫困线,稍许讲得过去的说法应该顶多是一二成居民收入低于贫困线。同时把"一二成"误成"六成"、把"贫困线"误成"平均线",这样的极小概率事件很难发生。于是我又疑心它是"北京六成居民收入低于全国平均线"的笔误,不过同样很快又放弃了这个猜想,因为以北京居民总体之富,说"北京一成居民收入低于全国平均线",也难以有人相信。

我在博士研究生和硕士研究生的入学面试中,复印上述时评未加预警地发给他们,请他们发表评论。结果,二十几位学生当中,只有浙江财经学院的一位考生指出,六成居民收入低于平均线是正常现象,不值得大做文章。其余所有同学,都善良得很,对这篇时评感佩之至。经济学读到要考研究生了,却还是被"平均数渲染"打败。这些同学,一方面形象上颇像当下时髦的那种抽签决定正方反方的辩论赛的明星,嘴巴乖巧,怎么说怎么有理,另一方面却可能没有自己的判断,只是跟着文字或者语句的渲染走。"沙龙式"教育的弊病,由此可见一斑。

我们的学生一定要有基本的判断。贫富差距大,是我们面临的严重问题。但是要说这个事,得找别的理。萨缪尔森《经济学》的早年版本(第十版,商务印书馆中文版,高鸿业译),开宗明义就提醒读者要警惕"文字的暴政",告诫说:文字是靠不住的,因为人们对文字的反应并非不偏不倚。的确是这样。比方说报道一次登山活动吧,"半数队员成功登顶"和"半数队员未能登顶",说的其实是同一件事,可是受众的感觉就硬是不一样。如果经济学学子在经济学问题上也不能识穿煽情文字的廉价烟幕,那就实在说不过去了。

反驳意见的启示

2005年4月20日,我在浙江财经学院做过一个讲座,从上述"平均数渲染"出发,谈到美国普林斯顿高等研究院的院徽标榜"Truth and Beauty",即"真和美",与我们中国人一开口就讲"真善美"比较,给"善"字打一个问号,提出不要因"善良"而蒙蔽智慧。关于我的上述10组居民收入水平递增15%的模型,我还说:"你甚至可以想象有一块楔形的木头,左边的宽度是1,右边的宽度是4,分成长度相等的10段。这样的木头,你看它的重心在哪里?你看看是不是有六成多的长度位于重心左面?"

我的讲座和我的著作一样,都提供电子信箱以备读者和听众联络。4月27日凌晨回到广州(飞机延误所以凌晨到达),我看到有一些听众的邮件在等着我,其中一位网名GT的听众发来的邮件,标题是《60%居民收入高于平均收入是可能的,这是"Truth"》,很有性格。具体内容如下:

王教授，您好。

我想指出您的错误，一个城市60%居民收入高于城市平均收入水平是绝对可能的。

打个简单的比方，有五个人，四个人的月收入是1000，一个人是600，那么有80%的人的收入是高于平均水平的。

这个比方太简单，也许你认为一个城市的收入水平是不会那么简单的，因为人多。但我现在还要指出你的一个错误，你把城市居民从穷到富的收入情况比作是一根木头，那么你一定以为这个木头的重心是平均收入，其实不是。那个点只表示以这点为中心，穷人的收入等于富人的收入，真正的平均收入往往低于在这个点居民的收入。

你可以随便画个三角形，利用面积和长度来证明。

TRUTH，是不容易得到的。

祝好！

2005-4-21

得到这样一个有深度的反馈，我非常高兴，马上答复如下：

GT，你好！

你的思考很有意思。

关于木头的比方，的确是太粗糙了。我原来的意图只是说说思路，不是落实下来的论证。感谢你告诉我你的感受。

按照你的预设,当然大部分居民收入高于城市平均收入水平。不过这和我的预设有很大不同。两相比较,我觉得你的预设距离现实太远。是不是这样?

真理不容易得到。我也常常这样提醒自己。

很高兴你能够毫无保留地与我切磋。这使我更加珍惜在杭州的体验。

王则柯

2005-04-27

是的,我在讲座里面说过,六成或六成以上居民收入低于平均线,简直就是放之四海而皆准的普遍规律。这里口语化的"简直",接近于学术语言中的"几乎",准确理解"几乎",需要测度论的知识。但是,我的上述说法可以从反面粗略地理解为:多数居民生活在平均线以上的例子,距离实际生活非常非常遥远。

不同模型的比较

大家可以把 GT 的模型和我的模型作一比较,看看是不是这么一回事。

我在讲演中提出的社会贫富差距非常温和的模型,可以粗略地用下页上图表示,而 GT 提出的模型,可以粗略地用下页下图表示。需要说明的是,尺寸只作示意,并不准确。

平均线

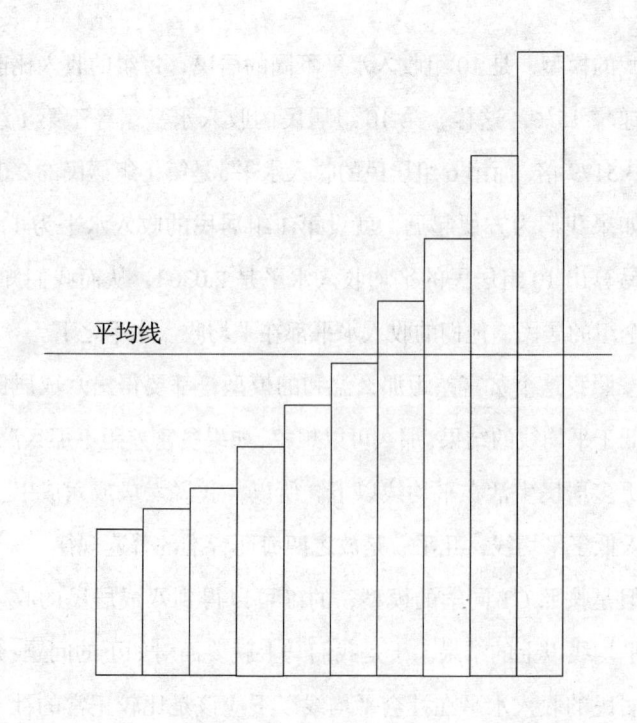

则柯模型

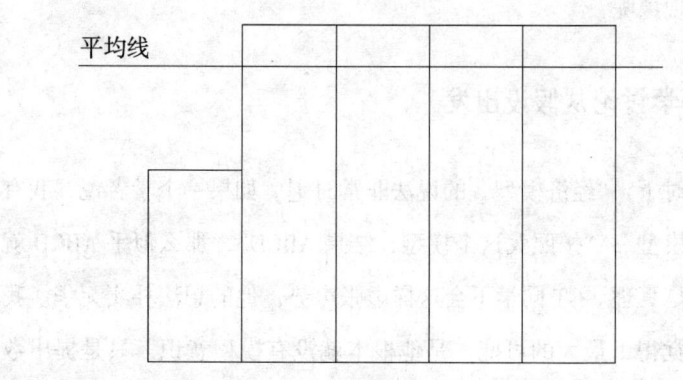

平均线

GT模型

我的模型，是 10 组收入水平不同的居民，每组的收入比前面一组递增 15%。这样，第 10 组居民的收入水平，等于第 1 组居民的 3.5179 倍，而第 6 组居民的收入水平，是第 1 组居民的 2.0114 倍。如果我们为方便起见，就设第 1 组居民的收入水平为 1，那么容易算出 10 组居民的平均收入水平是 2.0303，从而我们知道，有 6 个组的居民，他们的收入水平都在平均收入水平之下。

按照我这个贫富差距那么温和的模型，都要得出六成居民的收入低于平均线的结果，那么可以想象，如果贫富差距不那么温和，将有更多居民生活在平均线以下。所以，我说六成或六成以上居民收入低于平均线，几乎就是放之四海而皆准的普遍规律。

但是按照 GT 同学的模型，的确可以得到八成居民的收入水平在平均线以上的结果。于是我们马上就要面对如下的问题：究竟多数居民的收入水平在社会平均线以下应该是比较正常的社会现象呢，还是多数居民的收入水平在社会平均线以上是比较正常的社会现象呢？

经济学讨论从假设出发

时下，"经济模型"的说法非常时髦。如果一个学者说"我有一个模型"，"按照我这个模型，结果 ABCD"，那么似乎 ABCD 就应该是真理。GT 同学不会这样虚张声势，他的想法朴实无华。我甚至觉得，最大的可能，是他根本就没有模型意识，只是提出数据假设与我商榷而已。但是提出了假设数据，实际上也就提出了模型，不管自觉不自觉。反过来，假如有人只以"我有一个模型"来吓唬 GT 同学，他也可以说"我也有一个模型"把他顶回去。

但是现在，借助我们双方的模型探讨，我想说说假设和模型在经济学讨论中的意义。

记得 1989 年 11 月初，教育部在复旦大学组织了"财经专业核心课程教学大纲国际研讨会"，那时候谢希德教授出掌复旦大学。研讨会上，邹至庄教授代表外方专家发言，肯定中方起草的微观经济学和宏观经济学的大纲初稿"非常完备，即使我们不再修改，也是一份非常好的大纲。不过，为方便大家讨论起见，我们经商量提出以下十二点意见"。

这十二点意见的头一条，是：

"第一，肖政教授认为，在大纲第一章引言中可以增加讨论经济科学的方法问题，把根据假设进行推理的方法提出来。"

当时，肖政教授和邹至庄教授他们的这个意见，是有一定冲击力的，因为那时候许多人朴素和自然的想法，是经济学讨论应该从"实际"出发，而不是从"假设"出发。

现在我想说的是，除了调查统计以外，经济学讨论和研究就是要从假设或者模型出发，而调查统计要做得好，也离不开计量经济学模型及其理论的指导。以我和同学们讨论的"大半居民生活在平均线以下是不是正常的社会现象"这个问题为例，如果不是从假设或者模型出发，而是从狭义理解的"实际"出发，那就首先要一家一家调查统计，然后汇集分析。容易想象，一家不漏地进行收入情况调查，比一人不漏地进行人口普查，工作量要大许多许多倍。难道谁会花费比人口普查还要庞大得多的资源和力气，去做所谓"实际"的居民收入调查，来回答"大半居民生活在平均线以下是不是正常的社会现象"这样一个相对简单的问题吗？

狭义理解的"实际"究竟怎么样，往往不仅花费很大代价也难以描述，而且这种详尽描述的努力，好比要你描述一个森林于是你去调查登记一片一片叶子一样，会把我们的研究带入穷枝末叶、只见树叶不见森林的困境，永远"不识庐山真面目"。

因为狭义理解的"实际"本身就很难说得清楚，所以经济学讨论首先要对经济现象的"实际"进行简化，抽象出最实质最关键的因素和变量。这是一个去芜存真的过程。简化抽象的结果，就是学者对"实际"的假设，后续的讨论就从各自的假设出发。对于什么因素什么变量才是实质的因素和关键的变量，不同的学者有不同的认识，从而他们简化抽象的结果并不相同，他们对"实际"的假设也就不同。学者之高下，首先看他的假设是否抓住了问题的关键，是否反映事物的实质。或者我们也可以说，要看谁的假设比较接近实际。

上面我的数据假设和GT的数据假设，也可以算是经济讨论的这种前置假设工作。我们的假设都只有数据，属于比较低级的假设。假设的高级形式，则是所谓经济模型，其中特别包括经济变量之间的函数关系。但是在建立了经济模型的概念以后，反过来我们也可以把只假设数据而并不假设数据之间的依赖关系的假设,叫作数据模型。在这个意义上,假设和模型就性质而言实际上是一回事。前面这句话里面使用了两层"假设",读起来有点拗口。不过我们不能不这样区分,因为变量之间函数关系的假设,通常是比单纯数据的假设更加深刻的假设。

假设或者模型摆明以后,就要在假设或者模型的基础上进行推理演算,进而得到推理的结果,看看有什么新的发现,或者把推理结果用作预测,看看是否成功。最漂亮的结果,是那些能够揭示一般人单凭直觉难以发现的规律的结果。推理是否正确,结果是否漂亮,都是一项研究的价值所在,但是权重并不一样。自然,如果推理不正确,结果就站不住,但是只要推理正确,那么结果是否漂亮,才是一项经济学研究的价值的最重要的判据。

归纳起来,经济学研究通常具有"假设——推理——结果"这么三个环节,对于一项成功的研究,如果一定要做分解的话,那么前后两个环节都比当中那个环节更有价值。或者可以说,假设和模型体现功力,推理依赖训练和技巧,而具体研究的价值主要看结果,但是方法论的价值,则蕴涵在所有三个环节之中。

想象模型假设的"仿真度"

如上所说,假设和模型原则上都是实际的简化和抽象,既然这样,假设和模型是否抓住了实际事物的关键和反映了实际事物的实质,是最重要的考量。为了叙述方便,我们姑且把这个考量叫作模型和假设的"仿真度",追求比较高的仿真度。

我自己觉得，以 10 组收入水平不同的居民，每组的收入比前面一组递增 15%，来模拟当今世界贫富差距相当温和的个别社会，这种"递增模型"具有一定的信服力。相反，以五个人之中四个人的月收入是 1000，一个人是 600，来模拟一个城市、一个地区或者一个国家的居民收入情况，这种"五四模型"的信服力就很差。不知大家是否认同我的这个感觉。

我的历史知识非常有限。如果竭力发挥想象力，我觉得人类历史上最有可能接近"五四模型"的情况，是黑奴解放以前的美国，那时候黑人在人口中的比例接近五分之一。如果那时候白人社会非常平等，那么因为黑奴的生活都非常悲惨，社会的收入情况就和"五四模型"接近。可惜的是，那时候白人之间的收入差距，就已经大得很。

按照前面"假设——推理——结果"的三段结构，GT 和我的推理应该都没有问题。这样一来，从"递增模型"出发，经过正确的推理，我们得到多数人生活在平均线以下的结果，而从"五四模型"出发，同样经过正确的推理，我们得到多数人生活在平均线以上的结果。至此，两个不同的结果之中，哪一个比较具有实际意义，就很清楚了。

GT 同学说，"一个城市 60% 居民收入高于城市平均收入水平是绝对可能的"。这要看是纯粹想象的城市，还是多少能够模拟一些现实情况的城市。纯粹想象可以非常丰富，可以非常出格，比方就是"五个人，四个人的月收入是 1000，一个人是 600"的城市。

可是如果人类社会不可能出现这种模样的城市，那么从这种非常不仿真的假设出发经过正确推理得到的结论，也就没有多少现实意义了。我从数学出身，现在从事经济学教育，知道数学思维和经济学思维的区别。测度论是数学的一个分支。测度论告诉我们，零测度不等于不存在，零概率不等于不可能。例如，按照测度论，"几乎所有"实数都是无理数，有理数虽然无穷多，永远数不过来，但是把所有有理数都合起来，在全体实数里面所占的比例却只是零！在测度论的这个思想渗透改造其他数学分支以前，一个数学命题要成立，必须一无例外地成立。如果谁能够找出一个反例使得一个命题对这个反例不成立，那么这个命题就不能成立。这是数学的思维方法。不管作者自觉不自觉，"五四模型"就是数学思维的产物。

但是需要指出，像"五四模型"那样人们曾经设想过的许多模型，即使没有现实意义，也有智力演习的意义。如果我们从中认识到"哦，原来这样不行"，我们对事物的了解又向 Truth 接近了一点。人类对事物的认识，就在这种不断"试错"的思维演练中发展、升华，不断上升到新的高度。我非常欣赏 GT 同学的交流和商榷，原因就在这里。GT 同学对我提出商榷，促使我思考这许多问题，现在能够写给大家。相信包括 GT 同学和我在内，大家都能够从中受益。

学界流行"没有愚蠢的问题"（No question is stupid）的说法，认为最糟糕的是不能够提出问题。杨振宁教授曾经这样形象地介绍他的老师费米教授：费米教授每天都有十个新的主意，其中大概九个都是错的。但是在不断冒出主意从而能够不断试错筛选的过程中，人类迎来了科学的发现和发明。

最后说说目前我国学界对于所谓"实证研究"的两种不同用法。在我们国内经济学或者经济工作这个大圈子里面，如果一个人说"我是做实证研究的"或者"我是做实证工作的"，那么这多半意味着他主要从事调查统计或者对调查统计结果做进一步的分析。

但是按照主流经济学关于实证论题（positive issues）的概念，上述从 10 组收入水平不同的居民每组的收入比前面一组递增 15% 的假设出发，探讨是否多数居民收入低于平均线，或者从总共五个人其中四个人的月收入是 1000、一个人是 600 的假设出发，探讨是否多数居民收入低于平均线，都属于实证研究。

可见，我国学界目前对于所谓"实证研究"的理解，一种是数据检验分析的实证研究，对应的英文说法是 Empirical study，另外一种，就是"假设——推理——结论"的实证研究。两种情况区别很大。

参考资料：

[1] 王则柯，智慧何以被善良蒙蔽，南方都市报，2005.3.29，A3 版。
[2] 王则柯，有趣的"平均数"渲染，吴敬琏主编，比较，第十三辑（2004），
    中信出版社，北京，第 52—54 页。

[3] 徐冰，令人耿耿于怀的"平均数"，中国经济时报，2004.2.6，头版。
[4] 萨缪尔森著，高鸿业译，《经济学》（第十版），商务印书馆，北京，1988，第15页。
[5] GT（顾田），60%居民收入高于平均收入是可能的，这是"Truth"。私人通信。
[6] 邹至庄，1989年11月3日在《财经专业核心课程教学大纲国际研讨会》闭幕式上的讲话（录音整理稿），中山大学岭南学院内部传阅文件。
[7] 杨振宁，在中山大学研究生院成立大会上的讲话，1986年6月27日。

信息经济学奠基人 [1]

——介绍 2001 年诺贝尔经济学奖三位得主的工作

瑞典皇家科学院 10 日宣布，乔治·阿克洛夫（George A. Akerlof）、迈克尔·斯彭思（Michael Spence）和约瑟夫·斯蒂格利茨（Joseph Stiglitz）三位美国经济学家，由于在"不对称信息市场"的分析方面做出重要贡献，而分享 2001 年度诺贝尔经济学奖。今天我很高兴有这个机会，和大家简要谈谈我对他们获奖的工作的认识。现在黑板上写着"信息经济三剑客"；我原来的题目是"信息经济学的三位奠基人"。从使用"三剑客"，我们可以体会主持者的良苦用心。这会不会是窗外也站着那么多同学的原因？不过"信息经济"的说法就不大妥当，因为信息经济、信息技术、信息产业，和信息经济学都是两码事。这一点我在后面会谈到。所以必须加上一个"学"字。

---

[1] 承闻洁工作室和北京大学团委安排，2001 年 10 月 17 日在北京大学一个教室的演讲。感谢不知名的同学根据录音整理初稿。

他们奠定了信息经济学的基石

瑞典皇家科学院发表的新闻公报说,这三名获奖者的工作,在20世纪70年代奠定了对"不对称信息"市场进行分析的理论基础。公报强调,他们的理论构成了现代信息经济学的基石。

乔治·阿克洛夫1940年生于美国的纽黑文,1966年在美国麻省理工学院获得博士学位,现为美国伯克利加利福尼亚大学经济学教授。迈克尔·斯彭思1948年生于美国的新泽西,1972年在美国哈佛大学获得博士学位,现兼美国哈佛和斯坦福两所大学的教授。约瑟夫·斯蒂格利茨1943年生于美国的印第安纳州,1967年在美国麻省理工学院获得博士学位,曾先后担任克林顿总统的经济顾问委员会委员、主席,世界银行的副行长和首席经济学家,现任美国哥伦比亚大学经济学教授。

现在一般认为,阿克洛夫的论文《"柠檬"市场:质量的不确定性和市场机制》,是信息经济学开创的标志性论文。可是,阿克洛夫的这篇论文,曾经三次被退稿。为什么被退稿呢?你做出一篇论文来,拿去投稿。如果被退稿,正当的原因有两类:一种是出错了。比如,3加4应该等于7,你等于10,那就错了。另外一种呢?就是说没错,但是觉得你做出来的事情不够伟大。阿克洛夫的论文被退稿不是因为错,而是因为被认为太浅。他的论文是因为太浅被退稿。他最早投稿投到《美国经济评论》,被退稿,后来投稿到芝加哥学派的《政治经济学学刊》,被退稿。再后来投稿到英国的《经济研究评论》,也被退稿。到第四次,在一个当时还是第二等的刊物上,终于发表了,这个刊物就是哈佛大学的《经济学季刊》。后来很多信息经济学的论文和其他论文都在《经济学季刊》上发表,就使这个刊物的声誉提高了。是否可以说,阿克洛夫那样一个思想,很深刻的思想,显得太浅,一些人看不起它。我自己从事经济学教育有一个体会:真正是非常深刻的思想,很多是可以讲得比较浅的。我曾经大不敬地写过这样一句话,如果一个人对自己做的东西没办法给大家讲得比较浅白的话,有可能他自己也没有搞得很透彻。我写过《信息经济学平话》,谈阿克洛夫模型,谈斯彭思模型,这两个模型等一下我都会谈到。

另外一个人就大名鼎鼎了,我指的是斯蒂格利茨。斯蒂格利茨的《经济学》课本在中国非常流行,同时,他有曾经是美国总统经济顾问委员会委员、主席,克林顿政府的内阁成员、再后来是世界银行副行长和首席经济学家这样的经历。他对中国非常友好。斯蒂格利茨和钱颖一教授在1992年访问过我们中山大学。

斯蒂格利茨访问中山大学

我觉得,科学故事和科学家故事给人的启迪,常常不在于学问本身,这些故事往往能够给更多的人以灵感和深刻的启示。在我们刚刚编写出版的《经济学家的成长故事》中,最后一篇就是斯蒂格利茨的故事。斯蒂格利茨的主要贡献,集中在信息经济学方面和公共部门经济学(可以说就是政府经济学)方面。

我自己在1981年，也就是二十年前早一点的时候，第一次到美国去。非常幸运的，我选择了普林斯顿，请我去的是库恩教授。库恩是数学系和经济学系合请的教授，他在两个系都有办公室。我是北大数学系毕业的，我去的是数学系，我做的事情，开始就是跟着库恩做。因为这个关系，我第一次跟经济学有了点接触。库恩跟纳什（纳什是一个天才的数学家，他在博弈论方面做了奠基性的工作，四十多年以后在1994年获得诺贝尔经济学奖）是同学，后来纳什得奖库恩是起了很大作用的，库恩为他争辩，申述没有道理不给他颁奖。

我跟斯蒂格利茨有点什么关系呢？说来话长。自从我第一次去美国，我想我跟其他一些访问学者有一点不一样的地方，就是比较愿意多跑多看。别的学者在我们那个时候出去，他们的压力非常大。大家知道，当时中国国门刚刚打开，难得派一些人到国外去。他们着急要写论文，所以经常一天到晚关在图书馆里、关在办公室里做学问。我跟他们有点不一样，就是喜欢跑，喜欢交朋友。保持这样一份好奇心，跟做学问，我想，至少是没有矛盾，如果不是说更好的话。但是有一个似乎奇怪的现象，那就是虽然看起来好像比较分心，但是我的研究还做得不错。我在普林斯顿大学作出研究，应邀到几所大学演讲。人家说，为什么请你去的都是最好的学校啊？我的第一个演讲就是在斯坦福作的，后来在伯克利，再后来在康奈尔，都是最好的学校。

1992年冬天的时候，钱教授在斯坦福大学打电话给我，说他和斯蒂洛利茨教授要到东南亚走一圈，最后到珠江三角洲，到广州，他们希望到中山大学来看一看，还说如果我们欢迎的话，斯蒂格利茨愿意作一个演讲。电话打到我家里来，我听了非常高兴，马上作了安排。后来斯蒂洛利茨教授就来演讲了。但是，我做这个事情是有一点小风险的。当时上面有一个规定，主要内容有两条，第一条，外国人不许随便进入大学校园。你们现在可能觉得不可想象，当时是这样的。第二条，外国人到大学演讲一定要预先审查。十年前的事，有一定的时代背景。但是我觉得自己是一个学者，他也是一个学者，他不会做对我们有害的事情，不会做违背学者身份的事，所以我就安排了。坦率地说，当时一方面那个规定还在，但是另外一方面，大的形势还是比较好的。邓小平南方谈话，"十四大"政治报告，都说要搞市场经济。后来1997年斯蒂格利茨在中国火起来的时候，人们才知道，斯蒂格利茨曾经到中国来过。我自己觉得，广交学术朋友，只是一种乐趣，并不曾想做成什么大事。斯蒂格利茨在中国出名以后，好几次有人想请他，都来找我，我说我没这个本事。你专门去请他，花几万块钱请他，恐怕也未必请得来。例如我们广东省从前年开始，省长要组织一批洋顾问，每年来十几个洋顾问，第一批就想请他，可是没有请到。后来深圳举办第一届"高交会"的时候也想请他来，请不到。主办单位就打电话给我说，"听说你跟斯蒂格利茨私交很好，能不能帮帮忙呀。"我说第一，有过互访的交往罢了，哪里敢说私交。第二，我帮不上这个忙。世界上许多事情是可遇不可求的，可遇不可求的事情给我抓住了,我当它是一种缘分。但是,这也需要平常的铺垫。如果我平常是把自己关起来的,我想我不会有这个机会。

至少在十几年前,对于外国经济学家来说,他们到中国访问的时候,最不喜欢遇到的中国经济学家,就是不能用自己的语言讲话的经济学家。问他中国的情况怎么样呀,他就会说,有中国特色的社会主义啦,改革开放啦,等等,总是在重复报纸上一再重复的话。这样的经济学家交不上真正的学术朋友。作为学者,要交的朋友至少是能够用自己的语言讲话的人。我原来是学数学的,在经济学方面可以说只是没有学位的一个经济学教师。从学问上讲,我觉得自己比他们差得远了,差了几个等级。那么,人家为什么会尊重我呢,我想主要是因为我用自己的语言讲话。我希望你们学生也是这样,你可以认识自己的学问还是不够的,但是一定要有自己的尊严,不要什么都看人家的脸色。如果老是看人家脸色,恐怕就不大会有什么出息了。

这就是我的斯蒂格利茨故事。我先讲他的故事其中有一个原因,就是他的学问我不能在这里多讲。信息经济学三位奠基人,其他两位的主要贡献,都可以讲得很浅,但是斯蒂格利茨的贡献就不那么容易讲得浅,因为斯蒂格利茨比起前面两位来说,我觉得学问功夫好得多,似乎聪明得多、高产得多。大家知道诺贝尔奖名气很大,可是在美国经济学家看来,美国经济学会的克拉克奖更加难得。诺贝尔奖每年颁发,每次一个人、两个人或者三个人,有好几次是三个人分享。克拉克奖是两年一次,每次只有一位获奖者。可见，至少从得奖机会来讲，克拉克奖更加难得。所以有人说，诺贝尔奖是瑞典皇家科学院送给国际学界的礼物，没有大差错，大家就都接受了。那么前面两位学者呢，用的工具和技术比较浅一些，但是思想非常深刻，等一会我就要跟大家讲，而斯蒂格利茨用的东西稍许深一点，我会介绍，但是我不能够在这里详细讲。

阿克洛夫的逆向选择模型

现在开始讲阿克洛夫。阿克洛夫1970年发表的论文讨论的是二手车市场。论文题目是《"柠檬"市场:质量的不确定性和市场机制》。在美国俚语里面，如果你到跳蚤市场上买回来一个东西是好的，就说买了个PLUM，布林或者洋李，买到不好的东西就说买了个LEMON，柠檬。现在多把这样用的"柠檬"翻译为"次品"，从而那篇论文的题目翻译为《次品市场:质量的不确定性和市场机制》。"次品"这个说法大体可以，只是要注意和平常大家的用法有所不同。以前商店出售的"处理品"，多半说明是次品，这种"次品"是大家事先都知道的。现在LEMON所指的"次品"，你原来并不知道，买回来以后才发现它是这个样子。这种情况，只有在使用越久越了解的所谓"经验商品"中才变得严重。汽车就是一种典型的经验商品。

我们知道，美国是一个"轮子上的国家"，很多人都要开车。我们设想一个学生，进了一所大学，那就意味着离开父母了，他就需要一辆车。学生又没有多少钱，他一般就买二手车。二手车是别人用过的,买车人对卖车人车辆怎么怎么好的介绍,有一种天然的不信任。二手车的质量卖主清楚,买主不清楚,所以这里面就有一个信息问题。这个二手车市场,是存在非对称信息的市场。这次授予他们诺贝尔经济学奖,就在于他们对非对称信息市场的研究。非对称信息是对经济关系各方说的。比如说,我跟你成立个合同关系,我出钱,一千块钱,请你做一件什么事情,我是委托人,你是代理人,信息不对称就是说,委托那一方和代理那一方信息不对称。我出钱请你做一件事情,你有没有那个能力,你自己知道,我不大知道,这是一个;成立合同以后,你是不是照着合同去做,我也不大知道,因为我不能一天到晚盯着你,这是第二方面。这就有个信息不对称的问题。因为信息不对称,信息优势方就要占便宜,就有占便宜的动机。

信息,我们可以把它分成一阶信息和二阶信息。一阶信息就是具体的每个个体是怎么样的,二阶信息是一个统计,一个分布,显示分布是怎么样的。本来,二阶信息是从一阶信息来的,但是从现在世界上的一些现象,你可以观察得到二阶信息和一阶信息分离。有时候你了解二阶信息,但是你并不了解一阶信息;有时候你以为你了解一阶信息,反过来你不一定了解二阶信息。我讲一个很浅显的例子:今天大约有一百人挤在这个小教室听我的讲座,这就是二阶信息。这大约一百个人是由张三李四组成的,张三今天来了,李四今天来了,这是一阶信息。本来一百人来,就是张三来李四来王五来合起来得出这个一百人来,但是人们也可以只关心二阶信息：虽然不知道究竟是谁来，但是仍然可以知道今天有大约一百人来。从原理上说，二阶信息是从一阶信息提取出来的，但是形成以后，它可以分离，可以独立存在。

　　阿克洛夫有个这样的假设，假设卖主对于二手车的"剩余质量"具有一阶信息，买主却只有二阶信息。在最早的模型里，他假定有一个二手车市场，其中有一千辆车。你不要看这一千辆车牌子一样，型号一样，使用年限一样，甚至里程都一样，但是很可能它们的质量很不一样。你这辆车是很小心保养下来的，他那辆车呢，他很不小心保养，平常有小毛病他不管，或许它是出过事故的。经验商品就是说，使用它时间越长，你越是可以了解它。比如汽车，有的车开几公里是试不出毛病的，要开几百几千公里才能发现毛病。特别是在美国，汽车夏天不大有毛病，冬天就出毛病。所谓经验商品，我还找不出另外一样东西，像汽车这么典型，汽车既是高科技又是民用产品，销量最大。那么这个时候你到二手车市场上去买车，阿克洛夫的模型假定汽车的剩余质量 Q 是由 0 到 1 平均分布的，就是说每种质量段的汽车的数量是一样的（画图）。你可以设想这里的一千辆车是卖主们拿来委托车行去卖的，然后你去买车。从理论上我们当然可以想象这种车如图那样从左边排到右边，左边的质量几乎是 0，相当于废铜烂铁，一天到晚要修，甚至修也修不好，右边保养很好的车跟新车差不多。但是这是一个理论的比喻的情况，并不是说真的坏的在这一边，好的在那一边，因为如果这样的话，没有信息不对称，你一去买就买右边的，肯定不买左边的。

因为信息不对称，你不掌握一阶信息，你去买车就相当于是碰彩。你买到的具体的那辆车好不好就有点摸彩的性质。摸彩的时候非常合理的价钱就是根据你的"期望得益"来付钱。假定要买一张票然后你去摸彩，摸到红的你就可以领一百块钱的奖金。里头有九十九个白球，一个红球，你不知道你哪一次能够摸到中奖的红球，但是你有一个很准确的判断，你摸到彩的概率就是百分之一，所以你愿意为摸彩这个机会付多少钱应该是你的期望收益，那就一百块钱的百分之一，是一块钱。一块钱一张票，摸到你给我一百块钱，摸不到我自认倒霉，至少要这样才算合理。既然质量是从 0 到 1 之间平均分布的，假定质量是 1 那么好的车你肯出 1000 块钱，那么以摸奖的理论去买车，你不知道买来的质量如何，你肯出多少钱呢？你们说得对，是 500 块钱。买的人的质量期望是在二分之一的地方，所以他只肯按照二分之一这个位置来出价钱。出 500 元这个价钱是完全合理的。

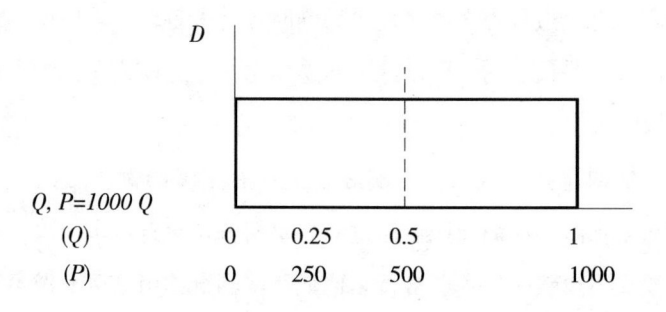

	D				
Q, P=1000 Q					
(Q)	0	0.25	0.5		1
(P)	0	250	500		1000

好了，下面就跟着出来一个问题。买车的人肯出这个价钱，卖车的人有什么反应呢？市场行为就讲互动。买车的人出了价钱后，卖车的人会作出反应。具体来说，现在就是比较好的车不想卖了，质量高于二分之一的车就要退出市场。买车的人发现有那么多车退出市场，他不是傻瓜，他可以判断留下的车肯定是不那么好的。既然比较好的车已经退出市场，买主当然不会坚持原来的价钱，为了维护自身的利益，肯定会降低出价，合理的价格是出到相当于质量为四分之一的位置，即250元。这样一出价，质量高于四分之一的车又会退出市场，接下来的必然是买主再次降低价钱。如此循环往复，一步步做下去，从理论上来讲，这个市场就瓦解了，交易就做不成了。

交易为什么做不成呢？就是因为信息不对称。每个人的每一步行为都是合理的，至少是维护自己的利益，无可指责。你出二分之一的价钱是合理的，质量高于二分之一的车子退出市场也是合理的。这样一个过程，就是信息经济学里面非常重要的叫作"逆向选择"的过程。正向选择的过程应该是越来越少的同时越来越好，但现在这个过程是在越来越少的同时却越来越差，最后剩下的最少的那些是最差的，所以这个叫逆向选择。这篇论文因为推理难度太浅被退稿，但是这个研究很深刻，跟着它做的论文就非常多。

逆向选择的现象，在实际生活中有很多的例子。比如自行车防盗保险。深圳前些年做过一件事情就是给自行车保险，你大概要交多少钱，你丢了自行车他就赔一辆给你用。后来做不下去了。那个案例我没有仔细研究，但自行车保险很容易出现逆向选择。比方说我要给你们做自行车保险，那么要开展这个保险业务，我先得有个统计，有个判断。比方说，我知道自行车的失窃率假定在一个月是二十分之一，假定每辆自行车是两百块钱，那么好了，你参加我的保险我要收你多少钱呢？那至少应该是两百块钱的二十分之一，所以我至少要收你十块钱，一个月十块钱。那么结果怎样呢？我收了这么多十块钱来，如果丢车的概率是二十分之一，我的收支正好平衡。所以，我应该收的保费，就应该以两百块钱的二十分之一作为基数，然后再加一点利润。你说这样计算很合理吧！但是等到你真的开展这个保险业务的时候，你发现你马上就亏了。为什么呢？因为有些人保管自行车非常小心，有些人就比较粗心。一个保管自行车最细心的人，或者保管自行车条件最好的人，很可能不参加你的保险，省下那十块钱，而参加你的保险计划的人呢，最后你发现他们的失窃率不是二十分之一，而是十分之一或者更高，那你就亏了。你要生存下去，你要不亏，保费就要提高，等到你提高以后呢，原来保管是第二等好的那些人又退出去了，剩下来的人的失窃率就会更高。

实际市场没有被完全瓦解的原因

这种逆向选择的情况，在经济生活里面非常多。以前你们在微观经济学里面学到的市场，都是完全信息的市场，没有信息不对称，这种市场非常好，总是有一个均衡的位置。而在不对称信息市场中，由于找不到均衡，市场就这样瓦解了。讲到这里要说明一下，实际市场并没有完全瓦解，这是因为一轮一轮做下去是一个无穷的过程，而生活中实际上是没有无穷的过程的。更为重要的是，实际生活中存在着"交易利益"。我去买你一个杯，假定我们最后是十块钱成交的，十块钱是交易价格，那么在我心中我私人对杯的评价一定超过十块钱，不然我为什么花十块钱买你这个杯呢？同样，那个杯在你的私人评价来看，一定不到十块钱，否则你不会肯卖十元钱。在均衡状态下，买主的私人评价必须大于交易价格，而卖主的私人评价一定小于交易价格，否则交易是不会成立的。交易中，买方的评价肯定大于卖方的评价，一定有交易利益存在。因为交易利益存在，市场价格和双方的私人评价就会与最初的假设不同，出现分离。为简单起见，假定卖方的评价就等于质量，而买方与卖方的评价之比是 1.5，那么在期望质量仍为二分之一的时候，买主肯出的价格就不会是原来的 500 块，而是它 1.5 倍，就是 750 块。另外，原来假设的质量均匀分布的状况也是不常见的，比较典型的是正态分布和正态型分布，实际上这是更为常见和合理的状况。基于这两点因素，逆向淘汰在某一时刻就会做不下去，也就是说不会出现市场完全瓦解的状况。详细讨论可看我马上就要出版的新著《信息经济学平话》（后来向出版者的市场考虑让步，以《对付欺诈的学问——信息经济学平话》为题在中信出版社出版；以后扩充为《信息经济学平话》，2006 年在北京大学出版社出版）。

阿克洛夫第一个从经济模型的角度把逆向选择搞清楚了。信息经济学的内容是非常丰富的，我当然只能讲它的代表。逆向选择讲完以后，我顺便讲一点斯蒂格利茨的工作。斯蒂格利茨的工作很深，但现在可以借逆向选择讲他一样东西。斯蒂格利茨和别人合作有一篇论文，论述资本市场里面的配额做法。假定我是银行，我有一千万要贷出去，那么你们是企业，你向我借钱。我只有一千万贷出去，但是你们想借的钱合起来，比方说，是三千万。那么我们怎么解决这个问题？提高利率，对，你们答得很好。利率提高以后，有些人退出去，再提高，又有人退出去。最后提高到一定的利率，正好我想贷出去一千万，而剩下来想借的钱也是一千万，这个利率就是"均衡利率"。但是银行是绝对不会采用这个均衡利率的。你想想，银行采用的利率是比这个高呢，还是比这个低呢？这是一个很大的问题。银行采取的利率一定比这个低。为什么可以多赚一些钱而不赚呢？看起来似乎有点矛盾。实际上，我们应该注意到,利率不断提高的时候,不断有人退出。要紧的是，为什么退出去，退出去的是哪些人？总体而言，退出去的是好的企业还是差的企业？

你一定要搞清楚，退出去的企业是好的企业。企业退出，不是因为企业经营回报率达不到这个利率，所以我不肯按照这个比较高的利率借你的钱，而是因为我太好。我这个企业运行得挺好，实际上自有资金也是比较充分的，我再向你借一百万，当然宽裕一点，没你这一百万我也活得下去。或者换一个角度来讲，我信誉很好，你不借给我，我到别的地方还是可以借到。所以退出去的是好的企业。可见，一再提高利率的过程，是一个逆向选择的过程，最后达到"均衡价格"利率，那就糟糕了，留下来仍然肯借钱的企业就是那种风险最大的企业。风险最大的企业，我这个企业成功了我就发财，企业不成功我就破产。这样一来，银行就产生很多坏账了。斯蒂格利茨就是这样说明资本市场为什么出现配额。资本市场不允许搞均衡利率，而一定要把利率压到比"均衡"利率低，低了以后呢，就是说使得愿意向他借钱的人比较多，然后他通过信用调查等可以确定把配额给谁，银行有选择的余地。这就是斯蒂格利茨将信息经济学运用到资本市场的一个例子。

斯彭思的教育信号模型

接下来，我讲一点斯彭思模型。斯彭思的教育信号模型，可能跟你们的关系更大，因为你们是学生。现在我结合筛选一起来讲。在人才市场上，信号实际上是多方面的，但为了简化讨论，我们只把它简化成一个指标，就是教育程度。从企业的角度考虑，要把人的能力区分开来。一般来讲，我们都认识教育的一个功能，就是提高生产力。但是斯彭思提出来，教育其实有两个作用，两个功能，除了提高生产力以外，还有区分生产力的作用。你们看看从小学到大学，总有些同学很用功，可是他就是学不好。实际上，人的有些东西是天生的。中国有句古话，叫作"世上无难事，只怕有心人"。这句话用作鼓励是否有积极意义也许还可以斟酌，要是真的把它奉为生活哲学，那肯定会碰壁。你比方说叫我去跟一个跳高运动员比赛，我能够相信"世上无难事，只怕有心人"把他打败吗？明摆着的是，无论我怎么努力怎么刻苦我都赢不了。所以人的有些能力不能不讲究天生的因素，特别是现在谈的学习能力。学习能力当然也讲究后天培养，但是先天的成分还是很重要。斯彭思一开始就说，我现在不考虑教育提高生产力的功能，我就讲教育怎么样区分生产力。他的模型是这样的：教育 y 是需要成本的。假定教育从 0 开始，假定成本曲线呈线性。人有许多的差别，但是为了简单起见，我们也只区分两种人：能力高的人和能力低的人。能力低的人的成本曲线（比如说 $C_L(y)=y$）的斜率，比能力高的人的成本曲线（比如 $C_H(y)=y/2$）的斜率要高。人群里面，高能力和低能力的人混杂在一起，我们现在讲讲怎么把人的能力区分开来。

斯彭思模型里面有工资制度。在某一特定位置，比如教育程度 y^*，他认为教育程度达到这个位置的是高能力的人，达不到这个位置的就是低能力的人。这个时候就要有相应的制度建设。当你的教育程度达不到 y^* 的时候，你拿的工资是 m，如果你的教育程度达到 y^*，你的工资就是 M。这是一个阶梯曲线，就是雇主设定的工资制度。现在我要问一个问题，在这种工资制度之下，两类人的选择是怎样的？假定每个人受教育的原因就只有将来赚更多的钱。在这种情况下，你看这两类人，能力低的人不再受教育了，他马上就去工作，因为如果他放弃现在的工作，很辛苦读书拿到一个学位，他的工资固然高了，可他付出的成本很大，合起来就得不偿失。相反，对于高能力的人，虽然他受教育达到 $y*$ 也是需要付出成本的，但是他将得到的好处更多，所以他就会选择继续读书。在这样的制度之下，这两类人各得其所。

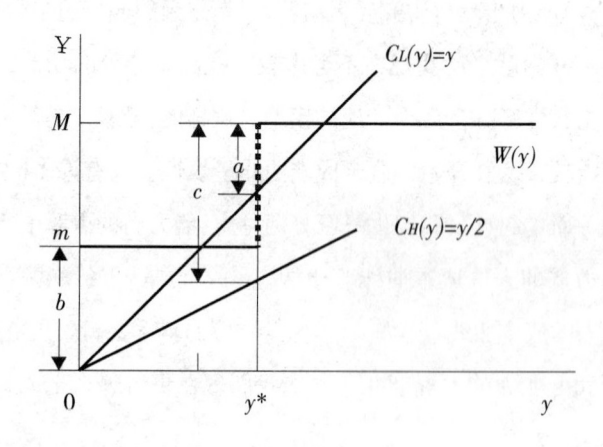

按照钱颖一教授的说法，斯彭思的创新之处，是研究了在信息不对称的情况下，具备信息的一方会采取行动以克服信息不对称带来的困难。在劳动市场时，应聘人往往对自己的能力比雇主知道得更清楚，能力高的人有更强的动机把有关自己能力的信息传递给雇主。能力低的人也想这样做，但是高能者传递的信息对于能力低的人成本很高，后者就很难模仿。

斯彭思模型给我们的启示是，一个事情，如果你的制度设计得好，你就能够把你的对象区分开来。这也是个互动关系。平常我们经常听到一种说法，叫作"上有政策，下有对策"。仔细想想，这是个普遍现象。所以，在上述这样的工资制度下，能力比较低的人自然就选择早就业，能力比较高的人自然就选择继续接受教育。

当然，模型讨论的，都是在最理想最简单的情况下的问题。比方说假定一个国家，它的学位制度非常完善，学位标准非常整齐，在这种理想的情况下，学位制度就可以把人区分开来。这个就是斯彭思模型。对于有兴趣的同学，我可以再讲多一点。现在这两类人各得其所，但是如果你的"位置"y^*选择得不好，那么这两种人就分不开了。两种人能够分开的结果，叫作"分离均衡"。分离均衡是这个制度要追求的。用信息经济学的说话，分离均衡的结果就验证了雇主的"信念"。在这里，雇主的信念就是：达到这个学位的人是能力强的人，达不到这个学位的人是能力低的人。信念要适当，太高或太低都不能够实现各得其所。而另外一种情况叫作"混同均衡"。混同均衡就是良莠不分，那么这个制度就是失败的，不能够验证雇主的信念。

让人讲真话守诺言的制度设置

信息经济学的基本概念和初步结论，今天我就讲这些。现代社会和现代经济领域，信息不对称现象是普遍存在的。如果不把信息不对称这个因素考虑进去，原来标准的经济学分析经常会出问题。比方说，刚才我讲的那个银行贷款，你如果傻乎乎地就按照均衡利率办事，你这个银行肯定是坏账多得不得了。所以一定要对信息经济学有所了解和掌握，才能够应付现代经济，才能够适应现代社会。

记得张维迎教授在介绍信息经济学的时候，有一种传神的说法：信息经济学是如何让人讲真话、如何让人不偷懒的学问。说不偷懒，范围似乎稍微窄了一点，也许说"如何让人守诺言"比较更好。你比如说订立了合同，实际上不按合同办，这叫作"道德风险"，也是个信息经济学的问题。

在体会如何让人讲真话的时候，必须把握经济学关心的是人们的行为，而不是人们的言语。如果一个老太太一面唠叨着太贵太贵亏了亏了一面掏出两块钱买了一把菜，那么她的行为传达出来的信息是，用兜里的两块钱换回来那把菜对于她是合算的事情。老太太一面买一面叫亏，不自觉已经陷入"口是心非"：为什么自愿去做亏了自己的事？在经济学家看来，老太太的行为"说"出来的"真话"，是按照那样的价格买那把菜对她来说有交易利益。还要注意，信息经济学的研究讲究激励机制，讲究制度建设。上述引致分离均衡的制度，就是让人"讲"真话的制度，人们以各自在制度下的选择表明了自己。

发达国家航空公司甄别旅客身份以实现差异价格的制度设计，是信息经济学应用的成功例子。以美国为例，航空公司之间经常发生价格大战，优惠票价常常只合正常票价的三分之一甚至四分之一。然而，即使是价格大战，航空公司也不愿意让出公差的旅客从价格大战中得到便宜。但是，当旅客去买飞机票的时候，他脸上并没有贴着是出公差还是私人旅行的标记。那么，航空公司如何区分乘客分割市场呢？原来，购买优惠票总有一些条件。例如规定要在两个星期以前订票，又规定必须在目的地度过一个甚至两个周末，等等。老板叫你出公差，往往都比较急，很少有在两个多星期以前就计划好了的国内旅行。这已经排除了一部分出公差的旅客取得优惠。最厉害的一招，是一定要在目的地度过周末的条件。老板派你出公差，当然要让你住较好的旅馆，还要付给你出差补助。度一个周末，至少多住两天，两个周末更不得了。这笔开支，肯定比享受优惠票价所能节省的多得多，更何况，度完周末才回来，你在公司上班的日子又少了好几天。精明的老板才不会为了那眼前的优惠而贪小便宜吃很大的亏。

就是这样，虽然在条件面前人人平等，但是这些优惠条件就已经把公差者排除得八九不离十。明明是价格歧视，又让你看不到歧视。航空公司这样让旅客就身份"讲真话"的手法，实在高明。什么时候，我们的经济生活中也会出现这样高明的信号甄别制度设计？

结束语

在结束这个讲座的时候，我要提醒大家，信息经济学与信息经济根本不是一回事。可是在我国，二者却被一些学者混淆在一起。区别在哪里呢？信息经济学主要讨论的，一定是信息不对称带来的问题，而信息经济，包括信息技术IT和信息产业等，本身对付的并不是信息不对称市场的问题。

　　信息经济学与博弈论都非常讲究"信念"。信息经济学的一些基本概念和重要结论,是可以在技术难度比较浅的条件下给大家介绍清楚的,这就是我的信念。相信今天的讲座,是这一信念的又一证明。

信息经济学视角的诚信建设[1]

很高兴,有机会在这里和大家交流我对现在比较热门的诚信建设问题的思考。我是1959年来北大读书的,今天是回到母校。

正视理论不科学不讲真话的危害性

作为引子,我从"主旋律"讲起。现在有一个说法,叫作"以科学的理论武装人,以正确的舆论引导人,以高尚的精神塑造人,以优秀的作品鼓舞人"。其中,我觉得非常重要的是"以科学的理论武装人"。反过来说,理论如果不科学,也就是如果理论不讲真话,危害性是非常严重的。关于这个问题,我写过题为《政治经济学与民族凝聚力》的文章,从我在北京的一则经历说起。从1985年夏到1993年初秋,我有八年时间没有到北京来。1993年秋天在

---

[1] 上海法律与经济研究所公众讲座,2002年12月27日晚,北京大学光华管理学院203室。上海法律与经济研究所所长梁治平教授主持讲座,廖齐先生根据录音整理初稿,特此致谢。

香山有一个学术会议,朋友要我一定来。那次我在北京遇到了让我很震惊的事情。一件事是我在公主坟找地铁站转车时,有人给我指了相反的方向。另一件事是我去西单时,看见西单一些商店贴着"不问事"的条幅,颐和园车站也钉着一块木牌子写着"不问事"。让我震惊的是,首都北京的社会情绪怎么会变成这个样子。应该说那时候是北京最低潮的时候,现在当然好多了。为什么这么低潮呢?我觉得与我们的政治经济学不讲真话有关系。

1991年,我随广东的一个科长去粤北地区考察,遇到一个县的粮食局局长,他是当年南下部队的红小鬼。几杯酒下肚以后,因为我不吃酒,他感叹地嘲讽自己说,"干革命原来就是这么回事"。这是一个红小鬼的感叹。1980年代中后期,有关部门组织了哈尔滨、西安的一批高级知识分子去深圳特区参观,目的是让他们了解特区的辉煌成就,让他们知道自己未来美好的前景也会是这个样子。多年来,这些知识分子响应国家号召,到哈尔滨和西安这些地方从事国防高科技领域的研究,为祖国奉献了大半辈子,当时仍然过着非常清贫的生活。例如,他们住的房子一般都没有独立的厨房和卫生间,有些人甚至要下楼去如厕。但是,当时深圳的许多居民却已经住着比较宽敞的楼房,都有独立的厨房和卫生间。这些参观者原来的一些同事,不管由于什么原因调动到了深圳,因为是管理人员和技术人员,住房和收入就更好。这些高级知识分子参观者在看了这一切之后,自然有许多人感觉受到鼓舞,却也有一些人委屈得流下了泪水。他们认为自己为祖国做出的贡献绝不比在深圳工作的同事少,不明白为什么国家给自己的待遇却相差这么大!想不到,这次参观有这样负面的作用。本来,这些知识分子长期接受党的教育,他们不仅最讲奉献,而且最相信党的教导。问题是过去的教导一直说"社会主义的旗帜上写着按劳分配",但是现在他们看到现实生活根本不是这么一回事,他们感到委屈,有些人甚至有受欺骗感。所以,我觉得理论如果不科学、不讲真话,危害会非常大。

1950年代,我来北京读书,那时候走在北京的街上,感觉到处都是亲人。他们是那么亲切、热情、诚恳和值得信任,真是礼仪之邦,真是我们的首都,让我这么个外地孩子非常感动,也非常自豪。那时候如果你去问路,会非常实在地感受陌生人的关切之情。而1993年的北京,至少在我这样一个外地客看来,感受却完全不同,颐和园公交车站和西单一些商铺,都挂着"不问事"的条幅。

我估计1993年前后是北京社会风气最低潮的时候。现在,风气又好起来了,这是大家都看到的。为什么又好起来,我觉得原因之一,是大家已经明白过去的那套理论宣传不科学,开始学会直面现实的独立思考,不再那么怨天尤人。

"十六大"前的两三个月,媒体广泛宣传过牧民廷·巴特尔在草原带头致富的事迹。我非常注意这个主旋律的宣传,看中央电视台的廷·巴特尔事迹报道。我注意到,有一个非常要紧的因素,他们一点都没有谈到,那就是在廷·巴特尔他们那里的草原上设置了铁丝网，把牧区分割了，用铁丝网把草地圈起来放牧。不把草地圈起来是无法致富的。于是我写了一篇《私权是大公无私的基础》的文章来说明一个道理：没有私权，巴特尔是没有能力大公无私的。这个例子其实也在说明，"以科学的理论武装人"是多么重要。

信誉社会理想与居民安全感诉求

党在"十五大"就提出要"实现经济发展和社会全面进步"。社会"全面进步"是一个非常广泛也非常深刻的概括，其中包含了建立信誉社会的理想。通俗而言，信誉社会的理想表现着居民对安全感的诉求。信誉为什么这么要紧？首先，在一个信誉非常好的社会，经济一定能发展得比较好，社会一定能够健康地运行；而缺乏信誉的社会，只在经济活动方面就在很大程度上增加了交易成本，阻碍经济和社会的发展。我讲一个佐证。20 世纪 70 年代末和 80 年代初，许多原先在广东和内地其他地方并不富裕的人，移居到香港。他们不管原来的专业是什么，也不管原来从事什么职业，在移居香港以后，却多半都经商，并且很快富裕起来。大家都知道，经商成功是不容易的，叫我做老板我肯定做不来。为什么这些人在香港改行做生意却都能够发财，一个重要的原因是中国刚刚打开国门，香港是主要的中转站，物流经过之处，难免得到许多好处，所以在香港做生意容易成功；另一个更重要的、也更具普遍意义的原因，是香港的法治环境好，信誉程度高，法律规章清楚明白，照章办事就行。改革开放以来，我们吸引了大量境外投资，但是其中最大的份额，来自香港和台湾，直接从欧美来的比较少。为什么外资、外商不直接进入内地，而要经过香港呢？原因很复杂，但是我的一个概括的看法是，因为内地法治环境比较差，商业信誉差，"黑箱"操作多，外国人很难弄明白里面的情况，难以和内地建立信任关系，因此不敢直接进入。而香港人很多本来就是从内地移居去的，与内地有千丝万缕的关系，比较了解内地的情况。在这样的格局之下，外资和外商就宁愿通过香港与内地打交道，把麻烦留给熟悉内地情况的香港人，请他们把事情搞定。香港人处在这个位置，所以比较容易发财。的确，法治是否健全，与经济发展和社会进步的关系非常密切。

前面提到从1985年夏天到1993年秋天我有八年时间没到北京来，这对于一个在大学工作并且关注我国经济体制改革的学者来说，的确是不大正常的现象。老实说那段时间我在国外跑得还比较多。为什么会这样呢？因为那时候在国内旅行比较没有安全感。说到这里，必须说明我这里说的安全感，主要并不是人身安全意义上的安全感，人身安全方面没那么严重。我指的主要是信息闭塞、日程无着这样一种不安全感。那时候在国内不想出门，就是因为行程中的所有事情，诸如买票、住宿等，都需要朋友操心，过意不去。到了一个地方，事情完了能不能顺利回来，面临很大的不确定性。1987年在成都一所高校商量事情，事情完了因为买不到飞机票，硬是困了几天，而且电话也打不通。记得为此我找到学校总机，看到外国留学生苦候在摇把子电话总机旁边等待和万里以外的家人通电话，我也就识相地知难而退了。我相信除了人身安全以外，大家都会同意，这种去得了（一时）回不来的状况和与亲友失去联络的状况，也是安全感的重要方面。

现在情况当然好得多了，但是我们社会的伪劣商品问题，股市欺诈问题，还是很严重。经济发展和社会全面进步，是一个大的方略。但是其中的安全感诉求，似乎没有得到应有的重视。事实上，我没有看到多少文章直面居民的安全感诉求。总之在我看来，建设信誉社会的理想，除了别的意思以外，还体现了居民的安全感诉求。

讲到信誉社会，我们要消除一个误解，就是以为在法治环境好的发达国家，也和我们一样，在居民安全感方面有那么多问题。事实上，由于安然事件等丑闻，一些人就认为即使是建立了法治的发达国家，也未必是信誉社会，安全感也同样不高，彼此彼此。其实，我感觉安全感方面的差距是非常大的。为了说明这一点，我想指出，如果大家同意信誉社会的理想是居民对安全感诉求的一种表现，那么居民在市场上的安全感可以分为两个方面：一是作为消费者的安全感；二是作为投资者的安全感。在发达国家，居民作为消费者的安全感是非常高的。在我国，假冒伪劣商品那么多，商品邮购的信誉那么差。可是在发达国家，如果你在广告板和汽车站看到一个冲洗胶卷的广告，你把它撕下来，写好地址把胶卷和一张支票寄过去，过几天照片就会非常漂亮地印好寄回来。以我个人的经历和许多朋友的经历，从来没有过这样冲扩照片被骗的遭遇。总之，居民作为消费者的安全感，在发达国家是很有保障的。谈到居民作为投资者的安全感，虽然美国发生了一系列上市公司丑闻，说明他们也有非常严重的问题，但是与我们中国相比较，你就会发现其实别人还是比我们好得多。安然出了事情，人家立法马上就跟上来了。在我们研究所（按指上海法律与经济研究所）一次关于索克斯法案的研讨会上，一位教授就说，人家能马上发现问题是因为人家透明度比较高，要是在我国，同样的问题都不一定能发现。

同样是安全感，我们需要区分居民作为消费者的安全感和居民作为投资者的安全感，它们是不同层次的东西。投资和消费不一样，投资本来就是有风险的。最有安全感的社会，也不会保证所有的投资都有非负的回报。事实上，健康的社会根本就不应该保证所有的投资有非负的回报，不应该给投资打包票。如果大家同意这种安全感有两个层次的认识，那么比较而言我们可以说，在发达国家，消费者的安全感是相当有保障的，而我们比人家还差得很远。

舆论、行政和法规对行骗的宽容

信誉社会是我们的一个理想，而且是比较远景的理想。为什么这样说呢？我讲讲我国不足的地方。我从舆论、行政、法规三个方面来讲。因为人在广州，所以我举的例子大部分是广州的例子。

一、舆论对行骗的宽容。

　　一个例子是伪造履历,反而赢得舆论同情的事情。1998年湖南一位医学专业的大学毕业生去广州找工作。这位学生因为身材矮小,男孩子,才一米五,曾经备受歧视,屡屡受挫,心理上有阴影。这次他修改了履历,改动了大学的成绩,希望接收单位视他为优秀学生,抵消他身材上的劣势。后来,接收单位发现他伪造成绩和履历,解除了与他的拟聘用合同。这时,广州一家最有影响的报纸以《某某某,你能找到工作吗?》为大标题,为他叫屈,配发的一个评论,题目是《多一些宽容多一些爱》。在信誉社会里,伪造成绩单和履历是严重的错误。发现当事人有伪造成绩单和履历的错误而解除与他的拟雇用合同,一点都不过分。但是报纸反映出来的舆论却一边倒,十分同情这位学生,认为接收单位违约了。要知道,由于这位学生伪造成绩单和履历,拟雇用合约的基础早就被他自己瓦解了,怎么能说拟接受单位违约呢?

　　我的书上曾经写过这样一个例子。1986年,武汉一位博士生写信请我给他写推荐信去斯坦福大学,他跟我有过一些通信联络,但是我没有见过他。我坦率地跟他说,我只给和我相处过的同学写推荐信,表示希望他来一趟广州。也许他太着急,也许我怠慢了他,结果他没有来,却自己以他原来硕士生阶段大学的导师的名义,给斯坦福大学写了推荐信。大约一个月后,斯坦福大学打电话问那位老师是否为这个学生写过推荐信,那位导师说没有。这时候,这位导师知道是怎么回事了,因为这个学生是他的得意门生,所以他马上写信过去,大意是说"虽然这名不是我签的,但是推荐信的内容完全代表了我的意思"。斯坦福大学很快回信给那位老师说,"我们不能接受一个未经授权、未加申明却冒用他人签名的人来做我们的学生"。

这是非常鲜明的对比,可以让我们知道信誉社会应该是什么样子。在发达国家,不是靠"警察抓小偷"来维持社会治安,而是靠法治的威慑力量、靠信誉的社会价值。我们离这样的境界还有很大的距离。

舆论上还有一个非常大的偏差,所谓"英雄不问出处",那就是消极地认可"第一桶金一定是脏的"的说法,好像脏不脏的是无所谓的,脏不脏反正已经拿到了第一桶金,以后会是一个很值得尊敬的企业家。我看直到现在,舆论对此还没有足够的反省。

二、行政对行骗的宽容。

1997年,广州三大报都在显著位置刊发了"粤纪宣"(大概是广东省有关纪律检查部门的宣传办的简称)的通稿。通稿内容大致如下:退休工人李某,冒充是某大军区政治部主任、"中将"军衔,自称是中央派驻广东的"反贪小组"的副组长。广东省在任的一位厅长、一位厅办公室副主任和一位原副厅长,竟然陪他去了粤东七个县市参观调查。后来事情败露。怎么处理呢?通稿说,李某的行为已经构成"冒充国家工作人员招摇撞骗活动"罪,但是因为"尚未造成严重后果,已有悔改之意",对他"不再起诉追究其刑事责任"。更加离谱的是,这些麻痹轻信陪同骗子巡视地方的现任领导干部,没有受到任何处罚,只是批评说"省某厅有关领导思想麻痹,政治敏感性不强,为李某的招摇撞骗活动提供了便利条件,造成了不良影响。尤其是从不同渠道获知李某身份上的许多疑点后,不但不主动查明情况,向上级报告,反而继续与李某保持联系,是很不应该的,应认真吸取教训"。最后,只是要求那位厅长责成直接介绍那位假中将上来的科长写一份书面检讨了事。

想不到,这么严重的事情,在我们中国就这样轻松处理了。我说得不客气,现在的中国人民解放军最高的军衔是三颗大星,这个人居然敢于冒充肩上两颗大星的中将,真是登峰造极。本来这种行骗太容易查出来了,真不知道这位在任厅长是干什么的。什么"尚未造成严重后果",完全讲不过去。即使只说物质损失,后果已经很严重,因为大家都容易想象省厅领导下去县市考察的接待情况。1991年我随一个科长下去考察过,略略了解县市是怎样接待省里来的一位科长的。而这次,县市接待的是厅长陪同的"中央大员",厅长陪同骗子视察所消耗的"民脂民膏",可想而知。更大的损失是政府公信力的损失。在任厅长陪同骗子到七个县市参观视察,政府公信力的巨大损失,难道可以视而不见吗?难道可以只批评几句了事吗?这样的事情,就活生生地发生在我们这片土地上。

三、法规对行骗的宽容。

　　这就更多了。比如在广州,冒充军车的一度很多。天天喊打假,抓了一批又一批,长期抓不干净。招摇撞骗、不交养路费是小事,最糟糕的是广州市民称为"泥头车"的大卡车,运余泥废料的车,对城市污染非常厉害,闹得居民鸡犬不宁。因为警察不敢管挂军牌的车,军车不受交通法规的约束,居民敢怒不敢言,警察也是敢怒不敢言。

　　三番五次打击假冒军车,却收效甚微。为什么会这样呢?这里我说自己的一点心得:做学问、研究问题,有时候要做得非常细,有时候不用太细你也马上可以想到症结在哪里。假冒军车打来打去打不掉,就是处罚太轻。如果要我开一个办法,假军车一经查出马上没收,当事人坐两年牢,我想很快可以解决。关键问题是现在这样的处罚够不够重?我觉得现在的惩罚,停留在用广东人的话说是"伤人要赔汤药钱"的那么个思维的阶段。对于行骗也是这样,抓住了骗子只是把行骗时的一点点东西扣住罚掉。这样做怎么能解决问题呢?这样做怎么能形成威慑力量呢?

　　法规的威慑力量,并不建立在"警察抓小偷"这样的行为上。有一门课是"Law and Economics",许成钢教授把它翻译为"法经济学"。法经济学大体的道理是这样:比方说行骗一次,可以牟利一千元,假定平均行骗一百次才能被抓住一次,那么抓到一次就应该罚他一千乘一百等于十万元才行,而不是抓住一次只罚一千元或者几千元。但是我们过去做的,差不多就是抓住一次只罚一千元这么个情况。1999年广东省出台一个打击伪劣商品的条例，市民拍手称快，因为那个条例规定，如果制造、销售假冒伪劣产品，最高罚款额可以达到罚没物价值的五倍，并且可以罚没制造假冒伪劣商品的设备。现在"最高可以罚至五倍"，居民已经拍手称快。拍手称快，并不是说已经够力度了，只因为是一个好的开始，因为过去往往只能罚没当场收缴的东西。至于制造假冒伪劣商品的设备，过去不能动，现在可以动了，也是一个进步。

刚才谈的这些情况，都实际发生在我们这片土地上，可见我们离开一个信誉社会有多远。

诚信建设的委托代理框架

现在回过头来从学理的角度谈谈我对诚信建设的认识。我对经济学比较感兴趣，对管理学了解比较少。在我看来，经济学与管理学的结合部，在于信息经济学。管理要解决的是激励问题。前面说到法经济学的时候，谈了错与罚、罪与罚的力度问题。法经济学另一个重要方面是激励机制，研究法规的设置如何激励当事人奔好的方面去。错与罚、罪与罚是一个方面，盯住"负"的方面，激励机制是另一个方面，着眼"正"的方面，正负两个方面合在一起，构成法经济学的主体。

为什么管理中有激励这个问题呢？因为管理者和被管理者之间存在信息不对称。信息经济学就是对信息不对称市场的分析。信息不对称会出来许多问题，暂不谈别的东西，只谈一件事。信息不对称的情况下,合同双方一方知道的东西多,一方知道的东西少,一方知情,一方不知情,信息优势方就会有占便宜的动机。管理者和被管理者就是合同双方的一个例子。张维迎教授有一个很形象的说法:信息经济学是研究"如何让人讲真话、如何让人不偷懒"的学问。我体会,它是"如何让人讲真话、如何让人守诺言"的学问。让人讲真话,让人守诺言,这得靠制度。

我对产业组织理论了解不多,但我知道产业组织理论的核心是委托代理框架。委托代理关系是普遍存在的。比如现代企业制度就是一层一层的委托代理关系,股东委托董事会,股东们是委托人,董事会是代理人;董事会委托经理人,董事会是委托人,经理人是代理人;经理人委托全体雇员,经理层是委托人,雇员们是代理人。这里头就有信息不对称。我今天想谈的是,我们建设信誉社会应该从哪里寻找突破口?

建设信誉社会是我们每个人的事情,但首先得把合同关系、契约关系建立起来。就市场关系的诚信建设而言,我有一个不成熟的看法,跟各位探讨,就是是否可以把社会作为委托方,企业作为代理方,社会出钱,企业办事,这个视角。必须说明,我这里说"社会出钱"的"社会",是一个比较广泛的笼而统之的概念,包括了消费者、企业(当它出钱让别的企业为它办事的时候)、政府部门和其他组织。在这个委托代理框架下,"社会"要做的事情,原则上都要找企业来做,这就是后半句"企业办事"的"企业"。界定委托代理关系的一个很有意思的视角是,总是委托方出钱,代理方做事。讲产业组织理论的课会讲到一个例子:母亲给钱让孩子吃午饭,母亲是给钱的委托方,孩子是被要求好好吃饭的代理方。现在人们生活好了,孩子偶尔一顿不吃饭,别人不容易看出来,所以孩子吃不吃午饭只有他自己知道。如果孩子贪玩把这钱玩游戏机了,也很难看得出来。这里,孩子利用信息优势得到占便宜的机会。委托方总是处于信息劣势,而代理方是做事情的,做不做、事情具体怎么做、做得好不好,往往只有他知道,他处于信息优势。

委托代理模式里面,两个基本关系是最重要的:一个是参与约束,使参与的利益大于不参与的利益;另一个是激励相容约束,寓代理利益于委托利益。二者一致,是理想的激励机制。希望有一套激励机制,激励人们、企业参与市场诚信的建设,信誉社会的建设。

今天我想从这里出发,谈谈"信息经济学视角的诚信建设"。信息经济学想要对付的是现代社会普遍存在的信息不对称,信息优势方讨便宜的行为,笼统讲来就是行骗。不过"行骗"这个说法本身有道义上的贬抑。我跟学生说,对于不讲真话、对于谎言、对于欺骗,在作经济学的分析的时候,要先把道德判断放在一边。我举一个例子:现在一些地方,教人家在都出去旅游的时候最好家里留一盏灯开着。家里没有人为什么开灯?原来,开灯是骗人家的,造成家里有人的假象,给潜在的小偷发出这么一个信号。甚至有人设计了一种智能灯,晚上该亮的时候亮着,该睡觉的时候灭了，造成更加逼真的假象。这是大家都容易理解的事情。一般来说，行骗是不好的，但是凭良心讲，不讲真话的情况每个人多多少少都有过，有时候很重要的是看你不讲真话的动机是什么，后果是否严重。最简单的情况是偶遇朋友，人家很热情地就请你吃饭，你没有思想准备，或者不想耽误时间，其实没有吃过饭也说你吃过了，这也是不讲真话，是说假话。可是我们多半不会谴责假说吃过饭推脱类似的不情之请。

不讲真话，不守诺言，都可以说是行骗。但我们不是笼统地讨论行骗，而只是讨论合同关系下不讲真话和不守诺言的问题，讨论合同关系中的行骗。这就把上面说的外出旅游却开着灯、谎称吃过饭来推搪不情之请这类没有合同关系的"行骗"，排除在我们的讨论之列。

在此，我把行骗分成"好不好"和"真与假"两个层次。例如合同规定做一件事情，"真与假"说的是做不做的问题，"好不好"说的是是否完全按照要求去做的问题。

行骗有很多方式。比如我们成立一个合同，我出钱，让你做一件事。当成立合同的时候，你承诺一定会怎样怎样做。请一个中学生打字，谈合同的时候他承诺说他打完后会校对五次，但是也许他还忙别的工作，实际上只校对了两次。家居装修，家具表面应该油漆七次，实际上他只油漆四次。这些也是行骗。这种行骗属于"好坏"层次。最厉害的行骗，是"真假"层次的行骗，黑心棉、假军车就是这样的行骗。这是我自己的区分。好不好，是一个层次，真与假，是另一个层次，这是两个不同层次的行骗，它们相互联系，有时候不一定能够画出一道线来。中国的留学生在纽约这样的大都会不大需要奖学金，他们打工，因为在纽约打工的机会很多。他们老跟我说，在找工作时是和老板们"play games"，跟这个老板说，除了学业我只干你这一份活，然后又去找另外一份工作，还是这么说。这算是否尽力的问题，还是真假的问题？所以不容易画一条线。不过从概念上说，好不好的问题和真与假的问题，它们的区别还是清楚的。相信大家都会同意。

我的一个思考是，真假问题在最终的意义上要靠参与约束来解决，而好坏问题、卖力不卖力的问题，基本上由激励相容约束解决。讲到这里，需要明确我现在讲的两种约束与产业组织理论这门课不完全一样，不妨说是借用概念变通使用吧。产业组织理论中，两种约束机制有一个共同点：都是非强制性的，全部是利益导向。$EU_w \geq EU_s$，努力工作的期望收益大于等于不努力工作的期望收益。这完全是从期望利益来考虑。在企业、市场的领域这是可以的，产业组织理论中，企业对员工、经理对员工可以说是非强制的，因为员工可以选择退出企业。但是在社会上，完全依靠利益激励，是不行的。就整个社会而言，建立信誉社会的参与约束，最后必须是强制性的。对于那些骗人骗得很厉害的人，不能让他不受惩罚地轻易退出。所以我在这里对产业组织理论作一点点改变，在最终的意义上，参与约束要依靠法制法规来解决，不能光靠利益激励来解决。通俗地说，还要靠"罚"，而不只是靠

"奖"。这是我的思考。与信息经济学和产业组织理论不一样的地方，是诚信建设的参与约束，最后必须具有强制性。

强制力从哪里来？前面说了，参与约束的强制性要依靠法制法规来解决，法制法规是政府的。政府的强制力来自居民的授权。首先它不能乱来，它要审时度势。其次政府有一切必要的手段，手段由纳税人的钱支持。在这一点上，讲得重一点，政府不能无作为，不能不作为，就像前面提到的，现任的厅长带着骗子"中将"、"中央大员"下去视察七个县市，居然认为没有带来什么严重后果，不受任何处分，是很离谱的事情。激励相容约束还是利益导向的。从社会上来讲，激励相容来自居民的货币选票。居民的货币选票能够约束企业注重诚信。

建立信誉社会的初始推动，不能没有在最终意义上带强制性的参与约束。政府应该是第一推动力，承担着重要的责任。按照这个视角，政府在建设信誉社会方面做得还很不够。举一个广州尽人皆知的"放心肉"和"私宰肉"之间的拉锯战的例子。当时我写了一篇文章，基本方向是对的，有点片面性，后来一位企业负责人带我下去看了。"放心肉"是比较干净卫生的，看过"私宰肉"的生产现场你就不会想吃饭。广州市政府为了让居民吃上"放心肉"，组织投入巨额资金建立了三个相当现代化的肉联厂，每个工厂一天能宰杀六七千头猪。不过这些相当先进的肉联厂，自投产以来就开工严重不足，每天只宰几百头，竞争不过"私宰肉"，因为"私宰肉""厂"投资很少，随便弄弄就可以，而且注水、卖病猪，在价格竞争上有优势。还有七个镇级屠宰厂，是公家办的，但是卫生条件很差，猪扔在地上，粪便、血水到处流，非常可怕。为什么这七个镇屠宰厂能够存在？原来三个肉联厂由市工商部门管理，镇屠宰厂归镇的农口部门管理，各有各的部门利益，谁也不让步。

面临"私宰肉"泛滥的局面，地方报纸上有过不少关于"私宰肉"的文章，其中一些，让专家教居民如何判断"私宰肉"和"放心肉"。我觉得这个事情完全弄颠倒了。判断肉是不是好的，这里有很多的信息问题，比判断鸡蛋是不是新鲜困难得多。这个困难的信息问题应该由政府来把关负责，给予解决，不让信息优势方占便宜，危害人民的健康和生命。那些拿了纳税人的钱的肉检部门究竟是干什么的呢？即使只从效率方面来说，如果政府不把关，而是教会每个老百姓自己去辨别好坏，这是社会资源多大的浪费呀！说到底，让每个老百姓都学会辨别猪肉的质量，是不可能的事情。

广州"放心肉"和"私宰肉"之间的拉锯，是一个非常清楚的例子。有些事情，政府不介入就没有办法做。镇级屠宰场已经有记者拍照在报纸上曝光了，但是因为有后台，后台就是利益，各镇都在抢利益，所以没有任何改观。这样的事情单纯依靠市场竞争，是解决不了的。是不是可以这么说，市场经济往好的方向发展，政府是第一推动力量。政府的作用主要在法制法规上。如果政府不做，广州的肉联厂暂时还能生存，汕头的已经被挤垮了，全是"私宰肉"的天下，这个事情就没办法解决了。如果不是依靠法制法规建立强制的参与约束,就难以向好的市场经济方向发展。

参与约束的强制性要求

大约在邓小平南方讲话前后,我写过一些文章,总的来说是好的,其中也有一些不足之处。例如我写过这样的意思:竞争是净化市场的力量。这就太乐观了。当时我只看到了市场竞争下哪些企业做得好,老百姓会欣赏这些企业,货币选票就会投给他们。当时没有意识到信息问题的严重性。如果信息是非常清楚的,没有信息不对称的问题,老百姓的货币选票会投向好的企业。但是现代社会,像并不太复杂的辨别"放心肉"和"私宰肉"这样的信息问题,老百姓也很苦恼。在信息严重不对称的领域,如果没有政府作第一推动,很难走上正轨,弄不好,代表"先进生产力"和"先进文化"的反而要垮掉。所以说,依靠法制法规建立的参与约束应该是第一推动,这也是我的希望。在这个基础上才有货币选票体现的激励相容。

同一题材我还有一篇文章,看到美国的情况以后写的,题为《居民素质高,市场发育好》,源于当时我随一个代表团去美国访问,每次都是我叫出租车。我打电话给出租车公司说要两部车,小姐就问我有几个人,我说五个人,她就问行李多不多,我说没有什么行李只有公文包,她说那一部车就够了。结果征得我们同意,只派了一部车给我们。企业应该是追求利润最大化,我要两部车,而不是公司硬塞给我两部车,他们为什么不赚这个钱呢?后来我想通了,原来他们是着眼于长远。后来我每次叫车都找他们,不找别的了。美国其他一些企业也有这样的例子。居民素质高,市场发育好,是我直接的感受,觉得居民的平均素质高,企业就会这样做。

但是,居民素质高是怎么来的呢?非常重要的是,素质有赖制度来养成。我举一个很简单的例子。五年前那个时候,广州堵车太可怕了,交通秩序非常差,开车不抢道就走不了,因此开车非常不文明。这不是素质的问题,而是社会环境的问题。在这样的环境里,让司机们文明礼让也难。

1997年北京的"文明伞"故事,更是说明制度和素质的关系的生动事例。1997年,北京市商业局组织了两万把应急雨伞在各大商场为市民提供方便。这个事情本来很好,过去也有这样的做法,但是需要押金。但是那时候"文明伞"被提升到"考验居民素质"的高度,主办者的想法和舆论都一边倒,觉得这是考验和收获首都居民素质的时候了,靠押金算什么,靠押金反映不出素质来。后来统计,两万把应急雨伞从初夏开始投放,到秋天统计时还剩3千余把了,总回收率为17%。结果本来不错,却很让一些人失望,《中国青年报》头版文章说北京人的素质怎么那么低。这时候突然有人提出,"三北"防护林已经起作用了,北京天气变好了,那年夏季一共下了30场比较大的雨,雨伞是周转了30次才变成17%,那么"每次的回收率"应该接近95%,30次95%后才变成17%

的总回收率。为此，《中国青年报》记者专门请教中国人民大学一位统计学教授，两个统计数字哪个对。教授说两个都对，17%是总的回收率，95%是每次的回收率。当时我说了一句俏皮话：这么善于让人皆大欢喜的教授，你怎么敢相信。这是题外话了。

我们不能用这样的"文明伞"活动来检验居民的素质。社会评价不是这样做的。制度要抑恶扬善。拿这个标准看，"文明伞"活动的制度安排是有问题的。人性中有光明和阴暗的两面，老百姓如果有机会占点小便宜，只要不犯法，也算理性行为。收取押金提供应急伞的安排本来很好，一定要不设押金来体现居民的高素质，是中国历史上以道德代替法治的士大夫情结的反映。当时，全国许多地方模仿北京的实验。青岛市中山路的一家大百货商店，每天下午5点钟在门口放5把伞，结果一些老太婆每天在这个时间来抢伞，中央电视台都拍出来了，说居民素质怎么这样低。这种做法，其实是把居民中人性阴暗的一面激发出来。这是制度做的坏事，居民是受害者。

1958年"大跃进"，广州就搞过无人售货。广州是全国著名的花市，居民有买花的习惯，广州中央公园门前摆着花卖。当时宣传是要跑步进入共产主义，后来越来越快，甚至提出三个月进入共产主义，共产主义的一个表现似乎就是无人售花，结果很快就搞不下去了。前几年《人民日报》一篇文章说，西方很流行无人售货，为什么到了我们这里就不行，认为是我们居民的素质太差。其实在国外的无人售货机，是必须把钱丢足了东西才会出来的，只有报纸有一点不同，把钱丢足了以后报架打开了里面有好几份报纸，你如果要多拿人家也没有办法，但是美国居民住得分散，再加上旧报纸不当废品卖，所以没有拿两份报纸的道理。足额付款东西才出来，这就是制度建设。制度非常要紧。我不是笼统地说发达国家居民素质就一定好。前几年美国一部运钞车翻了，钱也被人抢了。但是从另外一方面说，有些人在内地行为非常糟糕，如随地吐痰，但是他的脚一迈过罗湖桥就不这样了，这是素质的变化吗？素质能变化这样快吗？不是这么回事，而是人家的制度环境比较好。现在商场的小偷非常厉害，让商场蒙受很大损失。在美国，我亲历一个同胞访问学者给我们中国人丢脸的事情，他在当地两个商场偷东西，警察把他抓住了，规定时间让他到法庭交纳罚款、签署悔过、留下案底。这很轻，也很客气，人家的环境有这样的威慑力。中国的情况不同，这样的事情好像没有一个好办法。我也曾经参加过"偷一罚十"的讨论。在一个法治不健全的时期，民事调解中"私了"的方式可以考虑，"偷一罚十"就是私了的制度设置。按照中国目前的情况，如果每个小偷都要由警察来抓，中国哪里会有那么多警察。人家商场很多天才有一个，打个电话叫警察来就可以，我们这里天天有，警察哪里顾得过来。

刚才谈到以道德代替法治的士大夫情结。我以为，这是唐、宋以降中国为什么落后的重要原因。

制度建设和舆论监督

对于企业来说,信誉是一个品牌。信息不对称提供了行骗的可能性。如果整个社会的信誉状况不好,即使是很好的东西,人们也不敢相信。在这种情况下,企业本来应该经过艰苦的努力树立自己良好的品牌,品牌的价值也体现信誉的价值。

我记得茅于轼教授在某个场合讲过,中国劳动力非常丰富,缺的是诚信。意思是说,一般的劳动者很多,诚信的劳动者缺乏。劳动者怎样变得诚信呢?洁身自好,是可贵的努力,是会有报偿的,当然也很不容易,是很高的要求。但是就总体而言,诚信建设还是离不开环境,诚信建设离不开制度环境。以刚才说的开车为例,在一个很糟糕的环境中不跟人抢道就走不了,这样的情况下人们的行为很难文明。

在一个场合,北大光华管理学院一位教授提出科学技术不是第一生产力,人才才是第一生产力。但是我觉得,比起科技和人才来,制度才是第一位的因素。有了好的制度,人才会大批成长起来,科技创新会源源不断地涌现出来。制度环境不好,人才也会被糟蹋,大家对此都深有体会。现在中国在花很大价钱把国外学有所成的人才吸引回来,他们很多人也有一种奉献精神。但是为什么还是不容易把他们吸引回来呢?是不是钱不够?我看不是。现在在我们的环境下做成一件事情,真是很不容易。大量的留学人员宁可在别国做二等公民,也不愿意回国做头等公民,环境如此,我们也未可厚非。

刚才谈制度建设，现在谈谈舆论监督。我们需要舆论监督，但是另一方面媒体喜欢炒作。这里如何平衡？怎样掌握好其中的"度"？陈志武教授讲舆论监督需要"容错空间"，这是很有道理的。如果我们一方面说要舆论监督，另一方面却不给"容错空间"，批评当中有一点出入就要把人一棍子打死，那就没办法监督。动不动就让媒体检讨、整顿甚至停刊，媒体还怎么监督呢？这样的所谓鼓励舆论监督，实际上是假的。我写过一篇文章叫作《永芳堂故事和首长问责制》，说的是在中山大学最漂亮的地方，香港一个老板盖了一个房子像陵墓一样，命名为"永芳堂"，"永芳"是他父亲的名字，房子前面立了两排十八个铜像，以孙中山先生为首。我们看了非常难受。我写文章的时候，事情已经做了，我只是发表评论而已。行政权在学校当时的领导手里，他们掌握做不做的权力，我们作为学校的一员，作为一个公民，只是发表评论而已。这位老板为这个"永芳堂"大约花了一千万左右，这点钱在香港也就买一套稍许大一点的公寓，在我们这里却因为中山大学的配套投入而盖了很大的房子，号称"永芳堂"，让孙中山先生站在一边。可是就因为我的评论，登载我这篇文章的刊物被迫作检讨。主编打电话给我说，本来不想干了，但是看着刊物办到现在这个份上不容易，只好忍了。

真的要发挥舆论监督的作用，必须要给容错空间，而不是口头上说欢迎舆论监督。当然媒体也不要炒作，我知道媒体现在的环境非常困难，即便如此，媒体也不要自甘浅薄，不要搞一些不负责任的炒作。

我本来是做经济学教育的，最近因为参加上海法律与经济研究所的关系，接触了一些法学专家。说心里话，经济学家和法学家坐在一起，我觉得像我这样的经济学家讲话没有底气，没有法学家讲话那么严密。在法学家面前，我刚才所说的只能是作为一个文化人的思考，我们大家的这种思考如果具有积极意义，应该最终能够影响立法。怎样影响立法？我想一定要通过法学家讲出来。立法之后就能提升文化，形成一个良性的互动。最近浙江浦江有一个案例，有人把国有资产卖了，卖的人并不是管国有资产的，国有资产没有主，卖了就卖了，没有人管。后来检察院对此提出起诉。按照现有的法律规定，检察院只能作刑事起诉，检察院提起民事诉讼，这在全国是一个先例。后来江平老师说，这个事情要慎重，需要修改民事诉讼法。从这里我们能看到，我们的司法制度、法律制度的完善，还有很长的路要走。

建设信誉社会，是我党提出的"实现全面进步"的一个基本要求，我们期望政府在这个方面有所作为。我对法学是外行，我原来有一个想法，认为好的制度是让人以行动对号入座地"讲真话"的制度，好的制度是让人奔着社会的价值就能最好地实现自我的制度。这里要指出，"讲真话"不是真的用"话"来说。为了说明这个道理，可以借助斯彭思（Spence）教育信号模型（参看本书《信息经济学奠基人》篇）。按照这个教育信号模型，受教育是要付出成本的，假定一个人受教育的成本是这样多，另一个人比他聪明、能力比他强,受教育的成本可以小一些。雇主有一个"信念"，认为教育程度达到某个分界点的人是能力较高的人，并以此为标准建立一个工资制度。在这样的制度下，受教育多，工资相对高。这时候，聪明的、能力强的人选择高的教育程度，工资比较高，比较不那么聪明的人，能力比较低的人，选择比较低的教育程度，否则会"得不偿失"。这样，每类人都能找到各自相应最优的位置，实现所谓"分离均衡"。在分离均衡下面，两类人各得其所，这个制度就是好的制度。

合适的"信念"可以在这个斯彭思模型实现"分离均衡"，使人各得其所。这并不是说制度直接使人变得高尚了，而是在这样的制度下面人们为了自己的利益必须这么做。不好的制度很多，我只讲一点点。假定因为"信念"脱离实际，要求太高或者要求太低，要求太高使得能力高的人也觉得高不可攀，要求太低使得能力低的人也能够轻易达到，从而制度不能区分人们，这就出现所谓"混同均衡"。导致混同均衡的制度设置，是失败的制度设置。实现分离均衡，对号入座各得其所，才是好制度。

发达国家有些制度设置在对号入座方面做得非常好。我的一位在德国做访问学者的博士生今年春节从德国回家探亲，他坐汉莎航空公司的飞机。从法兰克福到香港的来回机票，加上从访问学校所在地比勒费尔德到法兰克福的火车来回，票价共计400欧元，等于3000多元人民币。在我们国内，3000元人民币都不够去一趟新疆。人家为什么能做到这样子？原因在于他们实行价格差异，比如出差的不优惠，旅游、探亲的给优惠。但是买票的时候没有顾客脸上贴着我是干什么的，怎么办？条件面前人人平等，他们规定必须提前预订，出差的人很难提前定好。第二个条件是必须在对方城市过一个或者两个周末。一般出差，老板很少让你在对方城市住两个周末。这样在条件面前人人平等，个人根据自己的情况对号入座，各得其所。

这是非常成功的制度设计。但这是经济学的观点，在法学家面前就不一定行得通。法学讲"身份"，最明显的一个例子是"王海打假"。我觉得王海他们做得不错，打假取得很大成绩。如果王海他们把全国的假都打遍了，他们的公司发达起来，"假冒伪劣"的日子也就不多了，我们会跟着受益。等到他们打无可打，完成自己的历史任务，我们的社会就接近诚信社会了，大家更是受益。结果法院的判决下来，不是条件面前人人平等，而是要先看"身份"，"王海"不是消费者，我们的法律只保护消费者，因此不保护他。我实在不知道如何绕过这个弯才能把道理圆通。我现在要学一学法律，使我能绕出这个弯子，为信息经济学视角的诚信建设找到一条路来。

概而言之，我的想法就是借用信息经济学和产业组织理论的委托代理框架，变非强制性的参与约束为最终意义上强制性的参与约束，作为我们建设信誉社会的第一推动。政府的角色责无旁贷。说到底，民众和政府的关系，是最大的委托代理关系。政府的权力来自人民。政府这个代理人做得怎样，值得我们赋予最大的关注。

建设信誉社会，法规和制度是第一位的因素。如果大家有兴趣，我建议把它作为一个研究的选题，主要是在委托代理框架下，把参与约束由原先的非强制变为强制，看看能否形成学理上站得住的思路。

今天就讲到这里，谢谢！

博弈论框架的信用建设 [1]

很高兴有机会到东莞来,跟大家交流一下自己的心得。几年来,我都曾经路过东莞,或者跟比较年轻的教授,来东莞的山庄,休息一天两天。但真正对东莞有所了解是今年三月份。在今年三月初,我和北京的几个朋友,在东莞肖科长的安排下,到几个镇看了一下,对东莞有了初步的感性认识。东莞的发展是值得自豪的。现在大家把目光转向东莞,不仅仅是因为东莞发展这么快。东莞是在一个没有政策优惠、没有国家大的投资这样一个情况下发展起来的,这是一个很重要的因素,是这个因素使东莞显得特别瞩目。

三月和我一起到这里来的,是上海法律与经济研究所的所长和理事长,还有我们中山大学的林江教授,你们对他很熟悉。我们这个研究所,是由吴敬琏教授和江平教授发起成立的。吴敬琏教授是中国最出色的经济学家,江平教授是中国法学界的泰斗。

---

[1] 2004年6月分两次在中国共产党广东省东莞市委政策研究室举办的报告会上的讲话。政策研究室赖俊宇同志帮助整理录音稿,特此致谢。

大前年（2001年），江泽民主席邀请一批社会科学领域的大家到北戴河度假，开座谈会。吴教授和江教授他们在一起一段时间，觉得中国要搞好市场经济，不是决定搞市场经济就行了，最要紧是要有一个好的法治环境。如果法治环境好，我们的市场经济就能够发展到像发达国家那样，如果法治环境不好，就会走到印度尼西亚那样的局面，或者是菲律宾那样，这是我们不想看到的情况。后来，二老就发起成立一个民间的组织。因为吴敬琏教授和江平教授是中国经济学界和法学界最有威望的学者，所以这个研究所的成立是瞩目的事情，得到一些企业家的资助。我们成立的是非政府机构，即所谓NGO。因为上海方面比较方便，这个研究所就在上海登记了，所以叫作上海法律与经济研究所。但是我们研究所的主要活动和多数人员都在北京，国内二十几位学术委员当中，十几位是在北京的，几位在上海，还有我在广东。

我们重点去做的事情有三个，第一个是搞出一个好的民商法，另外两个事情是地域研究，地域研究就是研究一些地方为什么发展得这么快，为什么受到那么多的批评。首先一个就是东莞，另外一个就是温州。这两个地方的共同特点就是，它们没有政府政策的特别支持，没有政府财政方面的特别支持，这与当初深圳的发展是很不一样的，跟后来上海的发展也很不一样，所以我们就特别研究这两个地方。这两个地方受的批评又非常多。那究竟为什么受那么多批评，要来看一看。

东莞和温州这两个地方，我都略有所知。比较起来，我觉得东莞的情况要比温州好很多。刚才温主任谈到我妻子是东莞籍的，这么说我也算是东莞的女婿了，应该更多地到东莞来。我祖籍在温州永嘉，出生也在那里，但是大约五岁就离开了家乡，五十多年没有回去。我妻子上次回东莞是二十多年以前的事情了，而我是五十多年没回温州，直到前年才去了一次。温州发展得也很不错。但是温州遇到一个问题，就是产业上不去，比不上我们东莞。比较起来，应该说东莞的产业是发展的上升的。当然我们东莞人很有忧患意识，我们应该做得更好，那是另外一件事情。温州呢？温州给人的印象还是皮鞋啊、打火机啊。当然，温州的经济还是非常有活力的，但是产业层次上不去。为什么产业层次上不去呢，因为现代社会的交易，是非人格化的交易，但是温商还是依靠人格化的交易：温州人做生意，基本上是温州人走到哪里，生意就做到哪里。这种交易方式与现代社会有很大的距离。现在人们仍然看好温州，但是浙江的经济学家非常关切的问题是，近两年温州的发展速度已经在浙江省排名倒数第二、倒数第一。这跟东莞在广东的情况很不一样。所以我们身处广东，没有道理不关心东莞。

三月初我们就这样跑了一圈。我们希望今后到这里来，做好这个地域调查，把东莞二十多年是怎么走过来的，为什么受到那么多批评，可是发展得这么快，这其中有什么经验，当然也要看有什么教训。有什么成功的经验，将来我们要坚持，有什么不足的地方，我们要注意改进，这样才能够使我们的发展立于不败之地。

这将是一个很有深度的研究。我当时跟东莞的同志说，如果这个事情有一个好的开端，做出初步的然而有影响的成果，我一定把二老——江平教授和吴敬琏教授请到东莞来。我们希望，将来开展这个工作的时候，能够得到大家的支持，因为你们是东莞的主人。

博弈论讲究策略互动

今天想给大家讲的，是博弈论框架的信用建设。这个内容，我平常在学校里面讲得比较多，如果在外面，我是不敢多讲博弈论的。我来之前，政研室的同志问我需要什么条件？我说最好有个投影仪，可是现在没有，为此我要做一点变化。趁着大家早上精神还好的时候，我先讲一点博弈论最基础的理论，这样后面就可以讲一点具体的模型和事例。大家手上都有我写的一个提纲。我准备先花半个小时，或者多一点时间，讲一讲博弈论的基本结构，然后讲其他具体的内容。

在经济学这个大学科里面，最近二十年一个发展很快的分支，就是博弈论。当前，我们仍然经历着用博弈论来改写整个经济学的一个过程，这个过程做得十分成功。

什么叫作博弈呢？让我先从与经济活动直接有关的事情讲起吧，后面会讲到信用建设。听说昨天林教授谈到在机关里面怎样处理上下级关系、怎样处理同事之间的关系，这里面就有许多博弈方面、信用建设方面的内容，但是我现在先从经济方面来讲。现在的社会是个竞争的社会，但是竞争有不同的模式。有些竞争，你努力就是了，这种竞争，从学术上来讲，我们把它称作计算型的竞争。比方说，那么多的企业在生产电风扇，生产电视机。因为那么多企业在生产，所以这是一个充分竞争的市场，谁也不能单独影响市场的价格。这时候你要计算，我生产一台电视机，成本是多少。如果我做得比人家成功，成本比人家低，我就成功了。总而言之，在完全竞争的情况下，你只要努力就行了。这种竞争模式，是一种计算型的竞争模式。还有另一个极端，就是垄断，比方说你垄断了，只此一家，别无分店，例如你有这个产品，别人都没有。这个时候，一般来说你会实施高的价格。但是价格也不是越高越好，价格高到没人买你的东西，你的利润也高不上去。所以价格低是不行的，要高一点，但也不是越高越好，为此你要计算，把价格定在什么位置，能够实现最大的利润。这就是垄断利润，你要计算出来，这种市场竞争也是计算型的竞争模式。

但是现在我们不谈这两个极端，一个是竞争得非常厉害的极端，一个是一家垄断的极端，这两种极端实际上是比较简单的。最要紧也最值得研究的情况，就是两三家、三四家、少数几家企业在竞争。市场经济发展下去，这个模式迟早要出现。大家知道，美国汽车发展了一百多年，就剩下三家大的汽车公司，福特、通用，还有那个克莱斯勒，前不久跟人家合并了。大家知道，历史上资本主义的发展，有一个大鱼吃小鱼的过程，大鱼把小鱼吃了，结果就剩下两三条大鱼。实际上，这就是市场经济发展的模式，将来总是要这样发展下去。我们国家因为现在是"初级阶段"，还有关税保护非常厉害,还有地方财政在支持企业,所以现在我们国家的汽车制造企业是全世界最多的,但是将来都会兼并或者合并成少数几家。两三家企业的竞争,不是说你自己努力就行的了,因为你跟对手的关系是一种策略型的关系,你要有策略,用计谋,从而策略这个因素,就在经济竞争里面出现了。

说到这里,我可以打个比方。体育比赛,比赛百米赛跑,大体上就是一种努力型或者学术上讲的计算型的竞争,你就想办法拼命跑得快就是了,因为一百米的赛跑没那么多的策略计谋的因素在里头。但同样是跑步比赛,如果是一万米的长跑比赛,那计谋或者策略的因素就变得非常重要了。记得1950年代,我读中学的时候,社会主义阵营跟资本主义阵营的较量是非常厉害的,社会主义阵营在1952年第一次参加奥运会,苏联就拿了总分第一。我们印象非常深的是一万米长跑比赛,捷克斯洛伐克有一个长跑运动员,我到现在还记得他的名字,叫查托·皮克,他后来拿了奥运会的冠军。关于这个人有许多传奇的故事,包括他的心脏,差不多比常人的大一倍。一般来讲,心脏大,并不是好事情,可他是一个特殊的人。在他参加奥运会之前,西方国家说这个人肯定赢不了的,因为虽然他跑步跑得好,可是他没有计谋。为了这件事情,他的教练班子就教他怎么比赛,教他不要领跑,要怎么样、不怎么样。体育比赛,我们在年轻的时候是最关心的。同样,你看自行车比赛,自行车比赛不是拼命比快的,很多计谋在里头的,有时候实际上是比慢。

大家都是经过教育，读书、毕业出来，所以大家对学生生活都是比较熟悉的，现在你们到了机关，对机关工作也慢慢熟悉起来。从学生生活这个角度来讲，许多竞争是努力型的、计算型的。比方说参加高考，没有多少计谋。当然你可以说填报志愿是成功的一个因素，但最主要的因素还是高考的分数。作为高考成绩的分数里面，没有多少计谋的因素，如果你学得好，努力考出高的分数来就是了。在机关工作，假如你做的是一个打字员，打字员的工作也没有多少策略、计谋方面的因素，你努力做好就是了。在工厂里面，流水线上的工人，他们的工作，也是努力做好就可以了。但是，办公室里面几位同事之间的关系，机关里面上下级之间的关系，就不单是个人努力那么简单了。即使在学生时代，在大学时代，个人的兴趣也可能很不一样。有些学生，他进了大学，主要的兴趣就是在学生会和团委这个舞台上活动，锻炼自己的社会活动能力，在学生社团里面活动，有些事情就是一种策略型的行为，不是说努力就可以做好的。博弈论就是专门研究这种策略性行为的学问。

价格大战与囚徒困境

我们还是先回到经济方面的情况来讲。刚才我说，独家垄断的情况是比较简单的，完全竞争的情况也是比较简单的，后来发展起来的两三家企业竞争的情况，就是博弈模式的竞争。可口可乐和百事可乐的市场竞争，是非常典型的博弈竞争。大家看美国的电影、电视剧，客人进了房间以后，如果有什么要紧的事情，就马上谈要紧的事情，如果没有要紧的事情，你想主人问客人的第一句话是什么？看很多电影、电视剧，主人问客人的第一句话，就是：Any drink？问客人要喝什么。你看美国电影上的那些人，他们总是拿着杯子的，不停地喝。酒精饮料我们先不谈它，不含酒精的饮料，主要就是碳酸饮料。碳酸饮料最大的两个公司，就是可口可乐和百事可乐，他们竞争得非常厉害。可口可乐和百事可乐，每种饮料都已经锁定了一部分消费者，一部分消费者就是要可口可乐，另一些消费者就是要百事可乐，可是也有一大批消费者游移在这两者当中，对这两种饮料都无所谓。既然两种饮料都无所谓的话，那么哪种饮料价格比较低，就可以把消费者吸引过去，把这种饮料的市场份额扩大。这样，在可口可乐和百事可乐的市场竞争里面，可以归纳几种情况。本来情况是非常复杂的，但经济学的讨论多半把复杂的情况归纳成两端的情况，把两端两种代表性的情况搞清楚了，其他情况也就清楚了。两端的策略，一个策略就是采用高价格的策略，另外一个策略就是采用低价格的策略。两个公司，每个公司都可以采用两个策略里面的一个，所以一共有4种策略组合。如果两家公司都采用高的价格，喝总是要喝的嘛，这样两家公司都可以实现比较高的利润，比方说5亿美元；如果两家公司都采用低的价格，展开价格大战，结果两家公司的利润都少，比方说3亿美元；如果一家公司采取高价策略另一家公司采取低价策略，高价格那家公司会丧失许多市场份额，利润会下降到非常低,比方说变成1亿美元,而实行低价格的公司会扩大市场份额,利润上升很多,比方说变成6亿美元。具体情况就像下面的表格反映的那样。

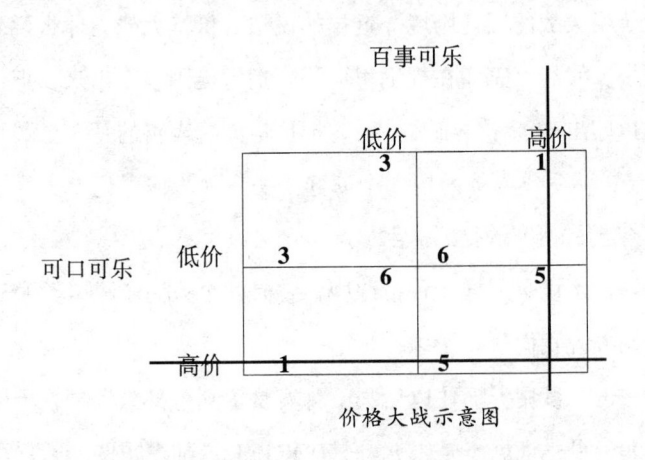

	百事可乐	
	低价	高价
可口可乐 低价	3 / 3	6 / 5
可口可乐 高价	1 / 6	5 / 1

价格大战示意图

你看,高价策略给可口可乐带来的1亿美元和5亿美元,分别比低价策略给他带来的3亿美元和6亿美元少,所以高价策略是可口可乐的劣势策略。追求利润最大化的企业,作为"理性"的"经济人",不会采用劣势策略,从而我们应该在上述表格中把可口可乐的高价策略划去,如横线所示。同样,高价策略给百事可乐带来的1亿美元和5亿美元,分别比低价策略给他带来的3亿美元和6亿美元少,所以高价策略是百事可乐的劣势策略,从而我们应该在上述表格中把百事可乐的高价策略划去,如竖线所示。至此,我们知道价格大战的结果,是两家企业相互低价竞争。在上面的说明当中,"理性"指的是追求自身利益,"经济人"指的是自行决策的行为主体。

价格大战是经济竞争中经常上演的例子。经过博弈论专家七八年时间普及博弈论知识的努力，现在我们经常在报纸上看到的"价格大战的囚徒困境"这样的说法。价格大战为什么说是囚徒困境，我给大家印在提纲里面了。把囚徒困境印出来，把价格大战也印出来，你仔细看一看，把价格大战表格的每一个数目都减去6，就变成囚徒困境那个博弈。实际上，博弈论专家最早在50多年前先研究的是囚徒困境。

囚徒困境是怎样一种情况呢？就是两个人犯了事，给警察抓住。比方说我们可以设想，某地一个仓库起火，损失非常大，结果抓住两个疑犯。抓住以后呢，警察是拿到一部分证据，可以判他们罪，可是证据不是很充分，应该还有更加严重的罪行，可是没有拿到证据。这个时候怎么办？美国早年的情况可能跟我们不久前的情况一样，就是把两个人抓住，隔离审查。我们的隔离审查，标语都贴着"坦白从宽，抗拒从严"。假定这两个人一起犯事，警察已经掌握一部分证据，现在面临隔离审查，他们都有两个策略。一个策略呢，抵赖，死不认账；另外一个策略就是坦白，说出还干过什么坏事。这时候，如果他们两个都抵赖，因为警察又掌握不了其他证据，那么按照无罪推定的原则，结果两个人受到的处罚都比较轻，比方说坐牢1年。如果两个人都认了，所谓认了，就是和盘说出你犯罪的全部事实，犯罪的事实成立，那就可以判比较重的罪，结果两个人所受到的刑罚都比较重，比方说坐牢3

年。大家知道,现在我们判刑,主要看罪行,态度是比较次要的。还有一种情况,因为隔离审查了,一个人不认,另外一个人认了。这种情况比较复杂。那个不认的人,他的罪已经很重了,而且另外一个人认了,罪证拿到了,可是他的态度还不好,于是就重罚他,比方说判他坐牢5年。那另外一个人立功受奖啊,处罚非常轻,甚至可能免予刑事处分,因为他如果不认的话,这个案子可能根本破不了。

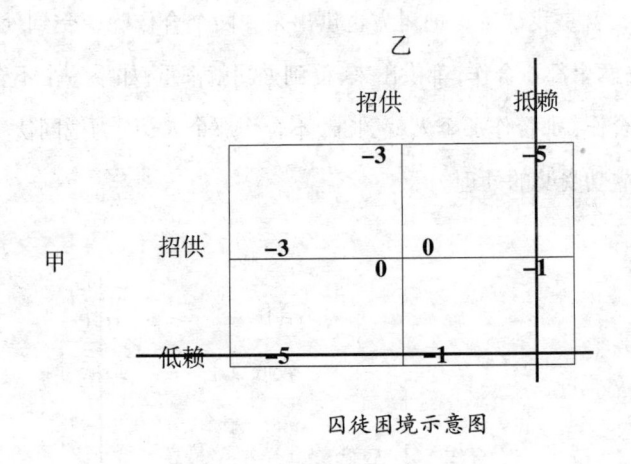

	乙	
	招供	抵赖
甲 招供	-3, -3	-5, 0
甲 抵赖	0, -5	-1, -1

囚徒困境示意图

前面说了,比较价格大战和囚徒困境,博弈形势实际上完全是一样的,从价格大战把数目全部减去6,就得到囚徒困境。所以这两个例子,从经济学道理上来讲,结构完全一样。这也是现在我们新闻记者都会说"价格大战的囚徒困境"的道理。

下面,对于价格大战和囚徒困境,我们不再讲具体的高价格或者低价格和抵赖或者招供,而总是将两个当事人的策略概括为与对方"合作"还是"不合作"。在价格大战的情况,说两家合作,是好听的话了,不好听的话,就是说两家勾结,两家勾结起来,实行高价格,结果两家都利润很高。相反,如果两家都不合作,打价格战,结果两家利润都下降。可见所谓合作,就是对对方好心,就是采取高价格;不合作,就是采用低价格,和对方斗。在囚徒困境的情况,也不说具体的招供或者抵赖,同样归结为一个合作,一个不合作。所谓合作,就是咬住不认,以免对对方不利;所谓不合作,就是我认了,把对方也供出来。两个合作呢,受到处罚就都轻;两个都不合作,都供出来,受到处罚就都重;如果一个不合作,一个合作,那合作那个人就倒霉,不合作那个人,因为把同伙卖了,受到立功受奖的处理。

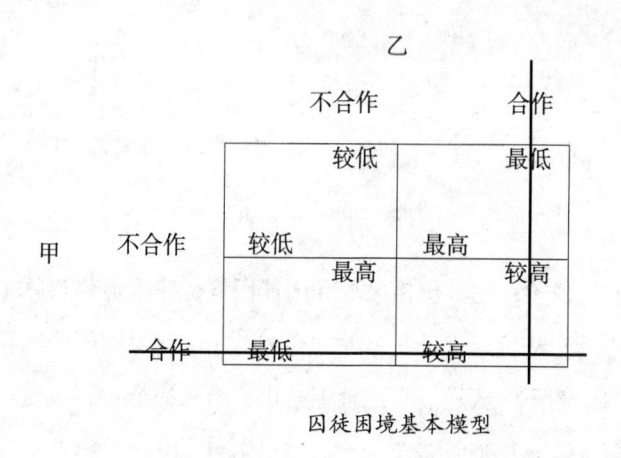

		乙	
		不合作	合作
甲	不合作	较低　较低	最低　最高
	合作	最高　最低	较高　较高

囚徒困境基本模型

归纳起来,包括价格大战在内,我们只说囚徒困境,策略只分"合作"与"不合作"。两人合作,得益都比较高;两人不合作,得益都比较低；一人合作一人不合作，合作的吃亏，得益最低，不合作的因为损人利己，得益最高。情况就如上面的表。

博弈三要素与三种基本的博弈格局

囚徒困境模型，是博弈论最有趣的模型。大家可以分析一下自己面临的竞争环境。现代社会是一个竞争的社会。竞争社会，我们至少可以分成两种竞争环境，一种是自己努力就是了，你没有多少可以运用策略的地方。东莞的荔枝很出名。虽然现在东莞的经济不是靠荔枝支持，但是东莞的荔枝还是很出名。我们设想一下，假定你是一个农民，你就是种荔枝的，那么这里头没有多少策略，因为荔枝市场是一个非常竞争的市场，你面临的是一种努力型的竞争环境，你就努力把你的荔枝种好。如果你的荔枝品质好、产量高，你能够在市场上实现的价值就高，没有多少计谋在里头。但是，如果你做到一个很大的企业，像可口可乐，或者百事可乐，这样已经只剩下你们两三家企业控制整个产业，这个时候就变成策略型的竞争。所以我们就简单区分努力型的竞争还是策略型的竞争，策略型的竞争就要用博弈来描述。

描述一个博弈需要清楚三个要素。第一个要素就是参与人，说明谁参与博弈。比方说囚徒困境博弈，参与人是两个疑犯，价格大战里面参与人是可口可乐和百事可乐；第二个要素，是参与人可以选择什么策略。实际上可以选择的策略是非常多的，但是我们一般要把这些策略简化，把代表性的最要紧的两种策略写出来，一个是高价格，一个是低价格，一个是招供，一个是抵赖。最后一个要素是参与人参与博弈之得益：两个参与人，每人都有两个策略可供选择，二二得四，一共有四种策略组合，在这四种策略组合之下，谁得到多少？要写清楚。这里所说"得到多少"，就是博弈的得益，或者按照经济学的标准说法，叫作"支付"。例如可口可乐和百事可乐都采用高价策略，那么可口可乐和百事可乐都可以得到5亿美元的利润，这两个5亿美元就是他们在这种策略组合下得到的支付。如果两个参与人都采用低价格，大家都得到3亿美元，这两个3亿美元就是这种情况下他们得到的支付；如果一个采用低价，一个采用高价，低价的因为市场份额扩大，他可以实现6亿美元的利润，高价的只能得到1亿美元。这些数目就是支付。这三样东西清楚了，一个博弈就基本上清楚了。

所以我们首先要搞清楚，你这个竞争环境是一种努力型的竞争环境，还是一个策略型的竞争环境？策略型的竞争环境就适宜于博弈论的方法来分析它，来认识它。我刚才重点讲了价格大战的囚徒困境，因为价格大战的囚徒困境最生动，最能够说明许多问题。价格大战的囚徒困境，是下面将要介绍的三种最主要的博弈格局里面的中间的那一种，它最有趣。

三种典型的博弈格局，第一种是零和博弈。零和博弈是对抗性最厉害的一种博弈，最惨烈的一种博弈，是一种你死我活的博弈：我赢的每一分钱，就正好是你输的每一分钱。这种博弈，因为我赢的每一分钱,就是你输的每一分钱,所以我们的得益加起来总是零,所以叫作零和博弈。小时候学加减乘除,1+2=3,3就是1与2的"和",零和就是双方得益加起来等于零。我和你博弈,如果我输的就是你赢的,你输的就是我赢的,这种就是零和博弈。

零和博弈的例子最简单的就是玩扑克牌,而且玩最简单的扑克牌:每人抽一张牌出来,一起翻开,如果颜色一样,我赢,颜色不一样,你赢。这个博弈叫作扑克牌对色游戏。我们博弈论都从最简单的讲起。知道了零和博弈,看看你身边的事情,哪些符合这个模式。

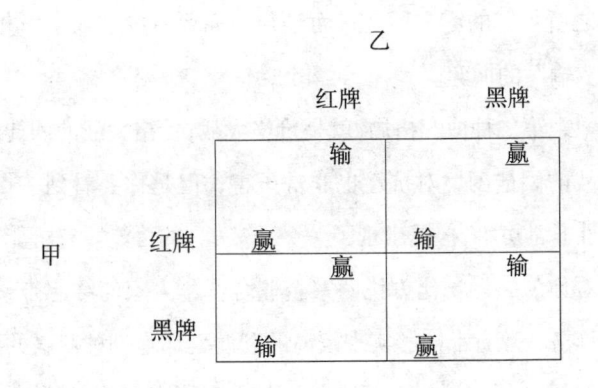

	乙 红牌	乙 黑牌
甲 红牌	输 / 赢	赢 / 输
甲 黑牌	赢 / 输	输 / 赢

你死我活的扑克牌对色游戏

通常认为战争就是零和博弈。现在,我们已经进入到主题是和平与发展的时代。所以现在除了布什特别喜欢打仗以外,一般来说人家不是依靠战争来征服你了,最有力的武器是用贸易来征服你。当初日本人就做得很出色啊。我们改革开放之初,日本真是在中国赚了大钱。从消费品来说,大家记得电视机,二十年前的电视机就几千块钱一部哪,而且那时候的电视机比现在的差得多,那时候我们的工资是多少啊?一般公务员的工资就几十块、一百块钱,而电视机就要两三千块,日本人从我们这里赚了不知多少钱去,他们打仗都拿不到这么多利益。所以现在靠贸易来征服你,那是最好的办法。由于这个关系,现在零和博弈的模式,在我们现实生活里面,比较少用到。

这里需要说明,"通常认为战争就是零和博弈"的看法,是一种已经开始被放弃的看法。当今世界,战争往往不再是"你之所失即我之所得"的零和博弈,而是与下面要讲的"双赢"相对的一种"双输"的博弈。

接下来第二种博弈格局,就是价格大战,价格大战的囚徒困境。价格大战的囚徒困境对抗性也非常厉害,但是你要看到一点,虽然对抗性非常厉害,但是出现了一个"双赢"的可能。有可能双赢,问题是看你怎么做?比方说两家企业合作,大家勾结起来,都采用高的价格,双方都能够实现较高的利润,那是一种双赢的局面。所以仔细想一下,价格大战囚徒困境,虽然对抗性也非常厉害,但是已经没有零和博弈那么厉害,不完全是你死我活的,因为出现了双赢的可能。这是一个进步。问题是这个双赢的可能很难实现。为什么很难实现呢?因为站在每个参与人自己利益的立场上来讲,都是采取不合作策略会占便宜。不管你是不是合作,我不合作,我总是占便宜的。比方说价格大战,你合作,你采用高价格,结果呢，我不合作，我采用低价格，或者是说好跟你一起采用高价格，但我偷偷地采用低价格。这种办法很多，比方给很多回扣啊、红包啊，等等。名义上我跟你卖一样的高价格，结果我给很多回扣，这样我就会占到很大的便宜。可见价格大战虽然有双赢的可能，但是很难实现。

  实际生活可以给我们充分的说明。广东经济发展得比较早，东莞开始的时候就是"三来一补"，你们这个产业发展跟外面的联系非常紧密。但是我们看看顺德，顺德是靠电风扇起来的，后来顺德的家电曾经辉煌，但是现在都很难做下去。为什么很难做下去，就是因为价格大战的囚徒困境。大约从十年前开始，报纸上经常有新闻说，家电巨头又开会了，空调巨头开会了，彩电巨头开会了，商量怎么办。为什么他们要聚会呢？他们已经认识到，这么斗下去啊，谁都没有好处。开会的目的，不外乎维持一个高价格。开始的时候，传媒对于这种巨头会晤都非常重视，觉得他们联手起来抬高价格，情况就会变化。但是每年都这么搞，每年都不成功，他们这个联盟很快就要瓦解。为什么会瓦解呢？就因为不合作对每一家的私利来讲，总是有好处的：我们商量好，大家采用高价格，结果我偷偷地采用低价格，我的利润马上就上去了。实际上每个人都这么想，所以竞争啊，就使家电已经没有什么利润可言。所以我刚才讲的那个例子，你看十几年前一部彩电，比现在的差得多，都两三千块，现在我们工资上升了那么多，反而更好的彩电几百块钱就可以买到了。

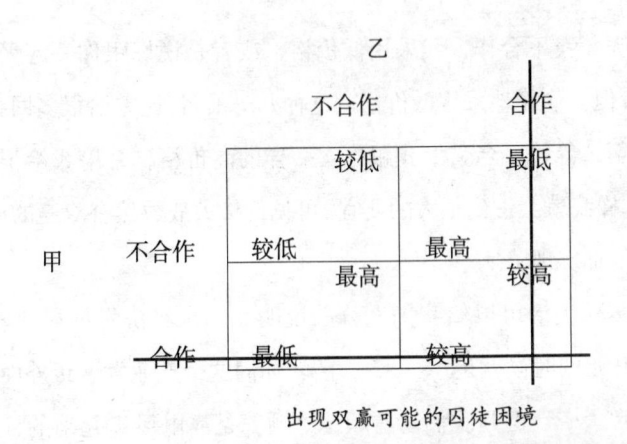

	乙 不合作	乙 合作
甲 不合作	较低 / 较低	最低 / 最高
甲 合作	最高 / 最低	较高 / 较高

出现双赢可能的囚徒困境

总之，囚徒困境虽然出现了双赢的可能，但是双赢的局面很难实现。等一下我要着重讲一讲，双赢的可能什么时候能够实现。现在我只先讲一句：如果这个博弈是重复的，双赢就可能实现，如果这个博弈只是博弈一次，它是不会合作的。囚徒困境所谓不合作，就是出卖了对方，自己得到好处，对方就遭殃了。在囚徒困境，个人利益和集体利益是矛盾的，因为对于个人来讲，不合作总是占便宜。这是说一次博弈。但是如果你看远一点，假定你出卖了对方，你自己立功受奖，而对方因为你的背叛，被判刑十年、八年，可是十年、八年过去以后，对方有放出来的一天，放出来以后的故事，你有没有想到？我们看西方那么多电影，像《基督山恩仇记》，许多这样的电影，讲的就是这件事情。

博弈是不是重复，这个因素非常要紧。所以人家说，如果一个民族，或者一个国家，感到明天是保不住的，他只要感到明天是保不住，他今天的行为就会非常糟糕，讲的就是这件事情。他感到明天是保不住的,那就是最后一次博弈了,最后一次博弈的行为是很糟糕的。他如果觉得明天是有希望的,他就会规范自己今天的行为。这个我们一会儿再讲。

三种主要的博弈格局,一种是零和博弈,你死我活,第二种是价格大战的囚徒困境,出现了双赢的可能,但是很难实现。下面我们要讲第三种博弈格局。

博弈论是国外传进来的,基本模型最早往往从故事或者比喻入手。现在讲所谓"性别之战",是两夫妇的博弈。首先,这两夫妇是很要好的,是恩爱夫妻,不是那种吵着要离婚的夫妻。注意,虽然他们是很好的夫妻,但是男的跟女的爱好还是会不一样。丈夫和妻子,男的和女的,爱好不一样的情况是普遍的。从小就不一样,男孩子要玩打仗,女孩子要玩煮饭,成年以后也照样是这样,男的普遍喜欢看足球,美国人当然第一个要看橄榄球,女的就不大看,男人们喜欢看拳击,女的不要看,女的一般来讲,喜欢看跳舞、芭蕾、音乐会啊,故事就这么说起来了。很好的夫妻,一起要过周末。在学校,因为我说话的对象都是大学生,大学高年级是谈恋爱的时候,我就把两个参与人改成为谈恋爱的情侣,他们两个非常要好,但是周末去干什么呢?首先,周末最好是一起,分开就不好了,但在一起呢,男的喜欢去看足球,女的喜欢去看芭蕾,假定是这个样子,那么,如果一起去看足球,男的最高兴,女的也高兴,至少在一起了,或者一起去音乐会,女的最高兴,男的因为两个人在一起也比较高兴。分开最不好。这种情况,可以表述为下面叫作情侣博弈的表格。

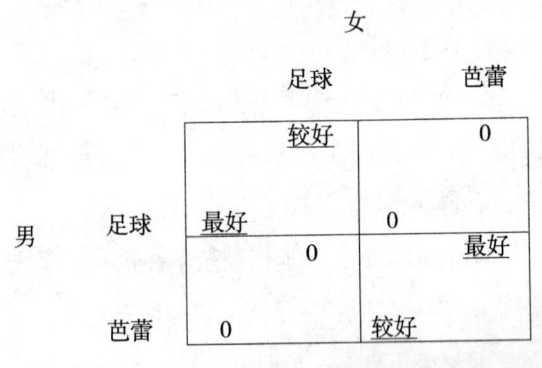

	女	
	足球	芭蕾
男 足球	较好 / 最好	0 / 0
芭蕾	0 / 0	最好 / 较好

个体利益与集体利益一致的情侣博弈

这个情侣博弈就是原来博弈论专家讲的性别之战，它不但不是扑克牌对色游戏那样你死我活的博弈格局，而且也不是囚徒困境那样个体利益总是与集体利益矛盾的博弈格局。情侣博弈是个体利益与集体利益一致的博弈格局，在大局利益一致的情况下，每个人有自己的小算盘而已。至于个体利益和集体利益一致，现在所谓集体，也就是两个人，因为两个人只有在一起，才是最好的，分开就不好，两个人在一起，要么都去看足球，要么都去欣赏芭蕾，这就是好，如果谁要赌气，你去足球，我去芭蕾，这就不好了，对两个人都不好，所以这个博弈的特点就是个体利益和集体利益一致。

既然个体利益和集体利益一致，还有什么问题呢？还有一个协调的问题。不要以为个体利益与集体利益一致，结果就一定好，协调不好还是会出问题。美国有一篇很出名的短篇小说，作者是欧·亨利，叫作《圣诞节的礼物》，也译作《麦琪的礼物》。故事很短，小两口，我记得男的叫吉姆，女的叫德拉，他们生活非常苦。圣诞节快到了，我忘了是哪一个，可能是德拉，在数她那个钱罐子。一年下来，一分钱一分钱挣下来，一共只有一元多的积蓄。美国人把这个圣诞节看得非常重要，一定要给亲人送礼。

吉姆有一块怀表，是祖父那一代传下来的。怀表已经很旧了，连表链都没有，但因为是祖父传下来的，吉姆非常珍爱这块表。德拉有一头秀发，一头金发，可是他们很穷啊，德拉连一把好的梳子都没有。保养长头发，梳子大概也很要紧吧。圣诞节来了，结果呢，妻子为了送给丈夫一件礼物，她就把长头发剪了卖了，买回来一条表链。古老的钟表都是用一条链挂在身上的，他那个表很旧了，链都没有了，妻子就买了一条表链，准备送给丈夫。可是丈夫呢，他想买把好的梳子送给妻子，他没有钱，结果把那块表卖掉了，就买了把好的梳子要送给妻子。等到圣诞节前夜交换礼物，梳子有了头发没了，表链有了表卖掉了，这就是圣诞节礼物讲的穷人的故事。这是一个悲剧。有人欣赏说这个悲剧非常美，我可是不敢多想，多想想这个悲剧，眼泪就会掉下来，美不起来啊。可能有人会说，通过这么惨的一段经历，他们俩爱得更深了。也许吧，不过我是很难相信。

问题出在协调没有做好。美国人送礼物，很讲究 surprise，讲究惊喜。他一定要这个礼物让你感到惊喜。要让你感到惊喜就不能让你预先知道，不能让你预先知道，当然就没有机会协调了。结果嘛，德拉追求礼物的惊喜，暗自买表链要送给丈夫，丈夫也追求礼物的惊喜，暗地里买了把梳子要送给妻子，为了惊喜他们不可能协调，就出现圣诞节的礼物这样的结局。

可见，个体利益和集体利益一致的博弈，结果不是自然就好，常常还有如何协调的问题。这种博弈格局，我们给它一个总的名称，叫作协调博弈。具体来说，不是利益冲突的博弈，利益是一致的，关键是需要协调好。像这个情侣博弈，协调非常简单。你可以设想许多种情况。比方说，今天是女方的生日，男的就迁就她一些；或者今天男的得了一个什么奖，女的为了表示庆贺，也迁就他一些。有些时候，也不一定需要这种温馨的理由，说得难听一点，就是先下手为强。比方说，女孩打电话给男孩说，"我们这个周末去音乐会，好不好？"那么一般来讲，男孩也不好驳她的面子，就一起去音乐会了。说先下手为强不好听，博弈论把先下手为强的情况叫作"先动优势"，就中性一些。也有后动优势的情况。总之，关键是怎么协调好，协调不好就会发生《圣诞节的礼物》这样的悲剧。

协调及其信息因素

在公路上开车，是靠右走还是靠左走，是靠右走好还是靠左走好，没有多少道理可讲。到香港去，要靠左边走，英国就靠左边走，好像澳大利亚、日本都是靠左边走，但是大部分国家是靠右走。靠右走，靠左走，并没有太大的区别，不然的话，英国也不会那么多年都靠左走。大家有兴趣可以画一个博弈表格，甲乙两个人开车，在一条路上相向而行，每人的"策略"选择就是两个：一是靠左，一是靠右。如果两个人都靠右，大家得益都好，比方说双方得益都是正的1吧；如果两个人都靠左走，也是好的，双方得益也都是正1；一个靠左，一个靠右，那就麻烦，我从这边过去靠右走，你从那边过来靠左走，不是撞在一起了吗？于是两个的得益都是负1。这个靠右走还是靠左走的交通博弈，就是一个协调博弈，根本上说个人利益跟集体利益是一致的，如果都靠右，大家都好；或者都靠左，大家也好，但是如果不协调，就出事情。

现在我们有交通规则了，这是用交通规则来解决协调的问题。但仍然有一些情况，我们不能指望交通规则来协调。比方你骑个自行车，看到对面有个小孩也骑自行车过来，你知道要靠右走，可是小孩子可能不知道，这时候你该怎么办？或者再设想另外一些情况，比方说在宾馆或者什么地方，一个比较狭窄的楼道里面，对面有人走过来，你怎么办？我想每个人都遇到过这种情况，究竟靠哪边走。协调不好，让来让去，说不定要晃好几次。

归纳起来，我们首先要清楚面临的是什么竞争，如果是策略型博弈的竞争的话，那么进一步要清楚是三种基本的博弈格局中的哪一种。接近零和博弈的情况，在机关里面也是有的，比方说，很多时候只能够选拔一个人，选拔上算赢，那么基本上就是零和博弈。没有双赢可能的竞争，就是零和博弈。囚徒困境格局，双赢的机会出现了，那么就要想办法让它实现。第三种博弈格局是协调博弈的格局，虽然个体利益和集体利益一致，但还是要协调好。

做好协调，信息的因素非常要紧。刚才那个靠左走还是靠右走的例子，还可以像张维迎教授那样讲得更加生动一些。设想我们从这个礼堂进进出出，假定这个门不像你们现在这个门这么宽，而是比较窄，偏偏遇上相向而行的两个胖子要通过这个门，我们把它描述为一个博弈。这时候，参与人是甲乙两个胖子，他们的策略都是两个，一个是先走，一个是后走。如果我先走，你后走，我们都能够顺利过去，我先走好处更多，我得到2，你后走好处少一些，得到1；如果我后走，你先走，你得到2，我得到1；但是如果我们两个人都准备后走，两个人都只在那里谦让，就都过不去，都得0；如果两个人都拼命争先，那就撞在一起了，更加不好，都得负1。

这个协调博弈很容易解决嘛，有一个人协调一下就可以了，但是协调需要一个信息因素。信息因素最温和的就是文化方面的因素。假定我块头很大，对面的人也是很大的块头，他看见我年纪这么大了，假定文化上是老人优先，他就会让我；或者虽然你是很大的块头，对面过来的是一位女士，西方文化中女士优先，你就让那位女士先走。这是文化背景在协调。

但是文化背景要转化成信息因素，成为共识，才能够发挥协调的作用。假定我是年纪大的老人,你是一位女士,比较年轻,那么这时候是老人优先还是女士优先呢?如果你很客气,觉得应该老人优先,你就让到一边,而我也很客气,觉得应该女士优先,我也让到一边,结果大家都耽误时间;或者反过来,我觉得我是老人,我应该先走,我不让,你觉得你是女士,你应该先走,你不让,也会出麻烦。

所以这个信息因素,在博弈论里面是个很重要的概念,不过今天我不能够多讲,因为这个东西学术性比较强。简单说来,信息因素是一层一层的。就说女士优先的"文化"如何成为信息"背景"吧,比方说你是女士他是男士。首先,你要知道所处的文化是女士优先,从而你知道自己可以优先;其次,要他知道文化是女士优先,他要让你优先;第三层呢,你这个女士要知道他这个男士是知道所处的文化讲究女士优先。这样三层,缺了哪一层都不行。你不知道自己作为女士是否可以优先,就不知道怎么做好;如果你知道自己可以优先,但是他不知道应该给女士优先,你也不知道怎么做好;更进一步,如果你知道自己可以优先,他也知道文化是女士优先,但是你不知道他是否知道女士优先,你也不知道怎么做好。可见,信息因素有一层一层的要求。比较学术化的博弈论著作,讲究我知道什么,你知道我知道什么,还有我知道你知道我知道什么,等等。初学者对于把握这个层次关系,常常感到困难。这个今天不能展开了,只讲这么一点。总之,信息因素非常要紧。

大家都是在机关里面工作,我是在学校里面工作。学校里面工作跟机关里面工作，性质很不一样，我愿意在学校里面工作。我讲这个情况，不晓得大家感觉怎么样，会不会得罪各位。我自己接触的对象大部分是学生，或者是同事、学者。我跟机关也有接触，感觉机关与学校很不一样。十多年前，我跟省里面一个科长有点业务到韶关几个县走一走，那科长有个科员跟着。我看那个科员真的非常辛苦，甚至要代那个科长喝很多酒。后来，那个暨南大学毕业的科员跟我说，实际上他没喝多少，这里面有技巧，好像喝下去了，实际上吐了出来。这个关系跟学校里头很不一样。我们这样长期在学校工作的人不明白，不想喝酒为什么要做出喝很多酒的样子，不想喝酒为什么一定要替人喝酒。

说到文化，官场里面的潜规则，也是官场文化的重要方面，至少长期是非常要紧的事情。明末有个著名的将领，应该是广东人，叫袁崇焕，清朝大兵压境的时候，他去护驾，可以说居功至伟。他一支队伍在一个小城驻扎，清军几十万人围他，围了多少时间攻不下。他后来是被明朝凌迟处死的，因为他不懂得官场的潜规则，没有讨好宦官小人，功劳大也白搭。博弈要讲究文化背景，随着人类社会的进步，文化一定越来越开明。这也是我们大家的愿望。

属于文化背景的，还有其他许多内容。所谓"入乡随俗"，就是文化背景转化成信息因素的操作，就是博弈论里面讲的协调。在这种文化背景下，女士优先，在另外一种文化背景下，尊老爱幼，就这样协调。人们讲究"入乡随俗"，你们是否需要"入（机）关随（机）关"，大家可以探讨。

总之，协调博弈是可以得到好的结果的，并且容易实现好的结果，但是你仍然要考虑怎样去把它实现，处理不好也麻烦。比方前面讲的那个交通博弈，现在欧洲大陆好像全部改为靠右行驶了，比较晚改动的，是五十多年前捷克改成靠右行驶了，三十多年前瑞典改成靠右行驶了。内地和香港，以后会不会变得一样？从最近一百年的情况看，多是靠左行驶改变为靠右行驶。博弈论把可能的稳定结局叫作"纳什均衡"。在优劣难分的几个"纳什均衡"当中，如何协调到其中的一个，有时候表现出"随大流"势态。比如欧洲大陆，当初越来越多国家靠右了，假如只剩下一个地方是靠左的，他自己会不方便。等到这个不方便不协调带来的损失大于改变交通规则的代价的时候，"随大流"的制度变革就会发生。

我们讲了三种基本的博弈格局，第一种零和博弈，那是非常残酷的，最后一种协调博弈最温和，个体利益与集体利益是一致的，但是我们也不要大意，一定要做好协调。不要以为胖子进门博弈这样的例子只有学术价值。大家知道，我们教育系统计划经济的色彩还是很浓的。设想一个学院每年只有一个晋升教授的名额，而这个学院有两位相当出色的副教授，他们旗鼓相当。这时候，他们面临的竞争，就是"胖子进门"博弈这样的竞争。一起冲着上，大家都升不了，一个先上一个后上，两年以后两位都晋升了，当然先晋升的更加有利。

内容最丰富，学问最多，就是当中这个囚徒困境的博弈格局。

潜规则与援礼入法

对于囚徒困境博弈，要紧的是怎样实现双赢。吴敬琏教授主编的《比较》丛书，第11辑上有张维迎教授的一篇文章，题目叫作《法律与社会规范》，就着重谈了如何实现双赢的问题。这也是我后半段讲话重要的参考文献。刚才休息的时候，几位朋友与我有很好的交谈，其中小赖还具体谈到中国古代的"礼"，他思考得很深。张维迎教授的那篇文章就具体谈到援礼入法。

礼和法是什么关系呢？古代社会和现代社会一个很大的区别，就是人与人是否认识。我记得有一首歌，歌唱"我们世世代代生活在这个地方"。世世代代生活在一个地方的人们，每个人都是别人看着他长大的，每个人从小怎样，怎么个德行，大家都清楚。可是现代社会是一个人员流动和物质流动都非常频繁的时代。台湾有一个很好的歌舞剧，叫作《搭错车》，写得非常深刻。其中一首歌唱道，"什么时候，蛙鸣蝉声都成了记忆，什么时候，身旁的人已不再熟悉"。前两天，我一个在美国加州教书的学生回来看我，他原来是上海人，家在上海郊区很远的农村，上海是很发达了，上海远处农村一些地方还不是很好。他说在美国听不到知了叫，他在上海家乡也听不到知了叫了，他妻子是广东开平人，他在开平住了一段时间也听不到知了叫，到中山大学来的时候听到了，非常高兴。"什么时候蛙鸣蝉声都成了记忆"，从一个侧面概括经济和社会发展带来人和自然关系的变化。接下去，"什么时候身旁的人已不再熟悉",说的是人与人之间关系的变化。身旁的人已不再熟悉是现代社会的特征。前现代社会大家都长期住在一个地方,相处了几十年,有什么不认识?在古代的这个大家都非常熟悉的情况下,礼是行得通的。但是现代社会要靠法。为什么要靠法呢?就是要规范不认识的人应该怎么做。"不认识的人",是一个角度的看法,但是另外一个角度,"不认识的人"首先就有不同的文化。礼应该属于文化的范畴吧,所以我们要援礼入法,把礼里面一些合理的东西给它升上来,变成法,大家都这么做。谢谢小赖同学交流那么深刻的体会。

另外几个朋友对潜规则有兴趣,这里就不多讲了。我自己也只是略有体会。我是一个教师,一个学者。差不多十年前,广东省要搞一个珠江三角洲经济区发展规划,是1994年底发动的,到现在差不多十年了。当时我是第一批专家组的成员,但是我不懂潜规则。经济区规划本来主要是做协调和保护环境,期间又要做发展规划。当时报纸上第三产业吹得非常厉害,差不多就是说,第三产业比重越高就越好。当时深圳做的规划,大约是到2010年,第三产业要达到60%。第三产业达到60%好不好,这是另外一个问题。问题是深圳提出60%,就受到了批评,说深圳是排头兵,有些不是排头兵的市县已经提出来第三产业达到65%甚至70%,深圳怎么能够60%呢。当时我在会上讲,这个事情不要一刀切,60%也好,65%也好,是发展的结果,不要拼这个指标。我说有些经济,有些地区,像香港,它有多少产业啊，它没多少别的产业；还有些国家，像摩纳哥，它整个国家就靠旅游，它第三产业不高也不行。现在给人的印象，就是第三产业怎么好，第二产业就差一些，第一产业就更差。澳大利亚、新西兰，直到现在，第一产业还很高啊，可人家是发达国家，它那个矿石、羊毛、牛奶，都是第一产业嘛。所以我说规划产业要实事求是，讲究发挥比较优势，如果一定要追求什么指标，可能就比较麻烦。我还特别讲到20世纪一个很典型的例子，20世纪初，美国人有一种说法，说一个人很有钱，就说他富得像阿根廷人那样。阿根廷人少，资源非常丰富，那个时候发展也不比澳大利亚、新西兰差。但是经过20世纪，阿根廷已经远远落在澳大利亚、新西兰后面。为什么落后？主要是因为不切实际地看到人家重化工业发达，就拼命发展重化工业，看到人家什么高就拼什么高。我说现在如果把第三产业的指标捧到这么高，拿第三产业来衡量，深圳提出第三产业达到60%，就受批评，这个没有道理，不会有好的结果。然后我也说了着眼点应该放在哪里。其中一些意见送到《羊城晚报》发表了。后来政府里面一位同志跟我说，老王，你这个话是有道理的，不过你要知道，对深圳的批评是从哪里来的。种种事情加在一起，后来就没我的事了。这个我也明白，因为有些地方设几个专家是做花瓶的，看你花瓶当得好不好。这里头是有潜规则，既要能够提出一点意见，表达你这个身份，又要让领导感到高兴，而且后者特别重要。我们是学者，没有这样的仕途问题。

休息的时候还谈到，因为我从事的专业是经济学，所以从经济方面谈博弈论比较多。但是博弈论在政治关系、国际关系方面的用处可能更大。刚才有位女同志问，有没有什么书，把博弈论写得比较好读。我的《新编博弈论平话》，在中信出版社出版，去年年底头版以来，差不多一个月重印一次。如果大家有兴趣，可以拿来看一看。博弈论最早是个经济学的学科，但最出色的运用，是在政治和国际关系方面，例如这本书里面写到的慕尼黑谈判。慕尼黑谈判是一个非常精彩的博弈，但是因为张伯伦采取了错误的策略，输掉了这场博弈，导致了第二次世界大战的发生，几千万人丧失生命。在慕尼黑谈判那个时候，德国相对来讲还是比较弱的，军力对比的具体数目我忘了，大概德国有十几个师的兵力，英法合起来有差不多三十个师的兵力，而且德国从一战失败，军备受限制，战争赔款，在这样一种情况下苦苦挣扎出来。当然，他们出了个希特勒，把全国的士气鼓动起来，但是实际力量还不足以跟英法对抗。可是英法的策略错了，一步一步退让，最后欧洲大陆的资源都在德国控制之下，盟国方面的损失就非常大。还有古巴导弹危机，苏联人已经把导弹布置在古巴了。古巴离美国一点点地方，当时美国紧张得不得了。我有一个美国朋友是数学家，他得了菲尔茨奖，因为数学是没有诺贝尔奖的，但是数学家得菲尔茨奖，比物理学家得诺贝尔奖更加困难。他就写他当年轻助教的时候，因为古巴导弹危机，从美国纽约的哥伦比亚大学开了个车，拼命往西逃，逃到加州去。可见古巴导弹危机给美国带来的恐慌多么厉害。肯尼迪为什么那么受欢迎啊？就是因为在古巴导弹危机那么紧要的关头，他采取了很好的策略，把苏联压下去。现在美国人纪念里根也是这个道理。古巴导弹危机后来的解决，是苏联导弹撤出，美国则从土耳其同时撤出一些导弹，给苏联一点面子。苏联是用货船把导弹运到古巴去的，已经装好了，后来撤下来运走，运走的时候，美国要求打开隐蔽，一个个导弹给美国看着它运走。超级大国啊，那么屈辱。这些都是博弈的例子。总之，博弈论从经济学家做起，但是运用得最出色的，是在政治关系和国际关系方面。在这个意义上，邓小平同志对于博弈论的思想，真是很有心得。

礼尚往来最优胜

现在言归正传，讲囚徒困境。囚徒困境如果是一次博弈，结果肯定是不合作的，因为采取不合作策略比起采取合作策略来讲，不合作总是要占便宜。事实上从私利出发，如果对方是合作的，你不合作就占对方便宜；如果对方不合作，你必须不合作，因为如果你合作，变成对方占你的便宜。

在囚徒困境的博弈格局下实现合作的关键，是博弈重复。如果是重复多次的囚徒困境博弈，就有可能实现合作，从而双方都实现比较高的得益。这是容易想象的：你这次不合作，你占了便宜了，下次人家跟你合作还是不合作？这个问题你一定要考虑。我们同事关系就要考虑这个问题。合作，就是表示善意，我帮你，我支持你，我对你是善意的，假定我不合作，我对你不善意了，那么很自然下次我是没有理由期望对方的善意了。

归纳起来，解决囚徒困境使之合作，有什么办法呢？一种是靠法律的办法。法律的办法就是说，我们干脆就签订一个协议，一个合同，要合作做什么，不合作要罚你。这个时候，整个博弈的形势就改变过来了。因为不合作我就要罚你，所以本来你不合作，你会从我这里占到便宜，但是现在因为不合作要罚你，而且处罚强度足够，你就不会不合作了。这是订立合同的好处。

但是，很多事情不能依靠订立合同。比方说机关里面同事之间的关系，怎么能够事事跟你订立合同呢？这里头更多的是"礼尚往来"的关系。博弈论专家曾经做过一个试验，就是在博弈论教授里面搞一个竞赛，每个人提一种方案，看采用什么战略最好，博弈多次，看哪个战略赢得的东西最多。结果几次竞赛下来呢，采用礼尚往来战略的方案，能够为自己赢得最多。这是从当事人自己的角度说的。从所有博弈参与人整个集体的角度来看，采用礼尚往来战略的方案，可以在这些参与人组成的整个"社会"里建造好的行为规范。

准确地说，所谓"礼尚往来"战略是这样的：开始的一次我采取合作策略；接下去就礼尚往来了——只要你这次采取合作策略，我下次就采取合作策略；但是如果你这次采取不合作策略，我下次就采取不合作策略。这也就是说，一开始我对你合作，接下去，这次你对我合作，下次我就对你合作，以示奖励；这次你对我不合作,下次我就对你不合作,以示惩罚。礼尚往来是英文 tit for tat 的一个比较恰切的翻译,不那么恰切的翻译就是"以眼还眼,以牙还牙",不恰切是因为它只讲到消极的方面。实际上它既有惩罚的消极的方面,也有奖励的积极的方面。你对我好,我就对你好;你对我不好,我就对你不好。两方面合起来,叫作礼尚往来。

博弈论专家在美国和加拿大征求方案进行比赛,每次最后都是礼尚往来战略胜出。应用到同事之间的关系,我们至少应该采取礼尚往来的战略,如果不说对同事应该更好的话。这就是说,即使对于陌生的同事,也要好心先行,应该对每个人都好,不怕吃亏。等到你吃了一次亏,只不过是认识了一个人,你为这个认识付出一些代价,是值得的。

同样是礼尚往来战略,具体实施下来还有两种,一种是不记仇的礼尚往来,一种是记仇的礼尚往来。前面具体描述过的实际上是不记仇模式的礼尚往来战略:这次你对我不合作,下次我就对你不合作;但是只要不管哪一次你又对我合作了,再下次我马上就对你合作。你看,不是不记仇的吗?还有一种是记仇的礼尚往来战略,具体来说就是只要你有一次对我不好,我就永远对你不好。

从经济关系来讲,从国家关系来讲,因为实际利益第一,所以一般看到的是不记仇的礼尚往来战略。有种说法嘛,国家与国家之间,没有永恒的朋友,因为利益矛盾打起来都可以,同样因为利益关系突然好得不得了也可以。这样的例子很多。我们牺牲了多少生命耗费了多少财富去帮助越南，后来两国关系却走到"同志加兄弟"的反面。所以，不记仇模式听起来非常好，但是你要注意不记仇的话也就不记恩了，不记恩当然不好。

我跟学生讲博弈论的时候，提醒他们有种很重要的关系是记仇的，大家要小心。高年级的同学开始谈恋爱了，我提请他们思考爱情关系是否记仇。如果明白爱情关系是记仇的，你不要拿爱情玩火。爱情和婚姻不一样，婚姻关系比爱情复杂。比方说大款包二奶，那当然不算爱情关系，而是赤裸裸的利害关系，赤裸裸的金钱关系。前几天报纸一则新闻很少见，说一个大学生为了达到出国留学的目的，登广告征求富婆，这当然也不是爱情关系。即使一对恋人从爱情开始后来结了婚，这其中婚姻和爱情仍然是两个不同的概念。简单来说，一种情况是珍惜那份爱情，决不让它受到伤害；另外一种，就是反正已经结婚了，不再珍惜爱情，甚至爱情已经枯竭，将就着过下去。真正的爱情，纯洁的爱情，是记仇的。这里注意不要把原谅看作是不记仇。受了伤总会有伤口，世界上没有那么多悲剧美。

社会规范怎样发挥作用

刚才讲到用法律的办法来解决囚徒困境的问题，就是订一个合同，如果违反合同就要受到法律的惩罚。不过在许多情况下我们不能靠订立合同来解决问题，而是以社会规范来约束人们的行为。

社会规范不是法律意义上的合同。社会规范能够发挥约束作用，前提是人们珍惜个人的信誉和信用。在一个好的社会里面，个人信誉和企业信誉都是很有价值的东西。

价格大战的囚徒困境，如果可口可乐和百事可乐两家合作，如下图，大家都可以拿到5亿美元的利润，假定对方老老实实跟你合作。可是你不合作，你去损他，你可以拿到6亿美元的利润，高了，对方受损失，从5亿降到1亿，低了。这样，价格大战囚徒困境的结果，就是互不合作，两家各得2亿美元。

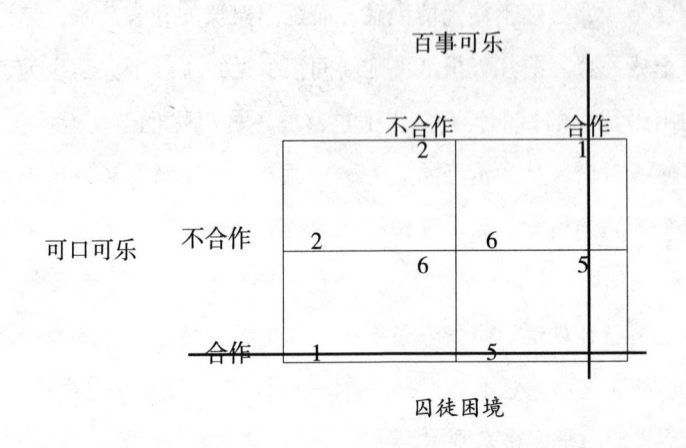

	百事可乐	
	不合作	合作
可口可乐 不合作	2　　2	1　　6
合作	6　　1	5　　5

囚徒困境

但是你不合作，在同行里面，你有个信誉损失的问题。张维迎教授在上面提到的那篇文章中把这个信誉损失表达为在6后面减一个 ax，a 乘 x，其中 x 是你的信誉损失。

虽然你的利润从5亿美元上升到6亿美元，但信誉损失 x 是多少呢？可能那个信誉损失相当于3亿美元，甚至更高，那你就不值得了嘛。信誉损失这件事情，在商界里面是肯定有的，虽然具体我不是很清楚。在一个正常的良好的社会，一定要讲信誉。1986年，武汉有一个研究生写信给我，要求我给他写封推荐信到斯坦福大学，他想到斯坦福大学去读研究生。这个学生以前跟我有通信来往，因为他对我的研究感兴趣，我觉得他不错。我写信告诉他，我只给有过见面交往的同学写推荐，我说你是不是可以到广州来一趟。当时没有现在电话这么方便，也没有 E-mail。他对我是非常尊敬的，但后来没有再找我。我估计是因为他很着急，时间上很着急，同时他也不认为他这样做是不对的，他就以他当初在郑州读硕士时的导师的名义，写了封推荐信到斯坦福大学。过了一个月，斯坦福大学就问郑州那个老师，你是不是写了封这样的推荐信。他们已经发现问题了。郑州那个老师知道出了问题，这个学生是他的得意门生，他马上回信说，他没有签过这封信，但这封信完全代表了他的意思，说这个学生非常优秀。后来斯坦福大学回函，说我们不能够接受一个未经授权代别人签发重要信件的学生做我们的学生。在一个文明发达的社会，人们是十分讲究信誉的。我们将来也一定是这样。这是学界的事情。商界怎样，我国商界情况怎样，也许你们比我更了解，至少将来也一定会非常讲究信誉。现在我知道一些情况，比方有些人去见工，经过考核，人家要他，他也表示想去，答应了要去，还具体说好什么时候过去上班，突然有一个别的地方条件更好，他也不跟人家打招呼就不去原来说好的地方了。据我所知这种人在一定范围内都要上黑名单,这个黑名单的代价,可能要用很多年的艰辛努力才能够挽救过来。这就是社会规范对人的约束,让你要合作,你不合作,看起来眼前经济利益是大的,但你带来的那个信誉损失很大。前面我们比方讲,企业为了眼前经济利益不守诺言,利益是多少亿美元,多少亿人民币,但是你要减一个 ax,x 就代表你这样做的信誉损失。

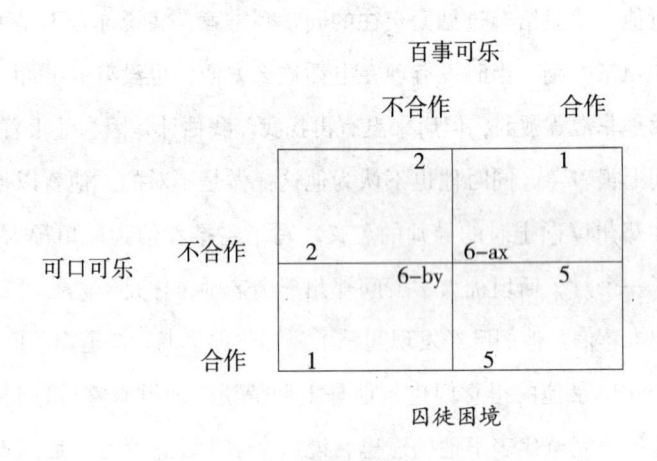

		百事可乐	
		不合作	合作
可口可乐	不合作	2　　　2	1　　　6−ax
	合作	6−by　　5	5　　　1

囚徒困境

那么 a 是什么呢?x 是你客观损失,你的信誉的客观损失,a 则代表你的主观感受。主观感受就是说,信誉上损失了那么多东西,你是不是觉得心痛。有些人他根本不觉得心痛,骗到一次就是一次,这种人即使信誉损失很大,他都不觉得心痛。把博弈当作一次博弈的人,恐怕就是这样。另一种情况,借用王朔写过的一句话,"我是流氓我怕谁?"我是流氓我怕谁,这种人他这个 a 就是 0,随便多么大的信誉损失 x,一乘他这个 a,就变成 0,他不感觉有损失。这种对于信誉损失的感受是零的人,你和他打交道一定要当心！

可见，一个对未来不重视的人，他是不讲信用的。对此，我还可以讲一个例子。发达国家的商业，一般来讲是比较可靠的，服务相当规范，但是也有例外。一次我跟一个朋友走到美国纽约42街一带，好奇去看看那些电器，什么收录机、电视机啦。结果就在42街附近的商店里面，那伙计走上来，问我们要买什么东西，我们说看看，等我们看完要走，没有买的意思，他居然拿一大串钥匙想打我们。那是我第一次到美国，去做两年访问学者，是1981年的事。后来当地的人告诉我，那种地方的商店怎么能够去呢？那种地方的商店做的往往都是一锤子买卖，到纽约旅游的人、不知底细的人，去那些商店买东西。远道游客在那些商店买了不好的东西，很难回来追索。所以那些商店就有坑害顾客的动机。

所以我们说靠社会规范，可以使得大家的行为合作。但是社会规范要能够起作用呢，前提条件是当事人把它当一回事。我们做了一件错事，或者只是一件事情做得不够好，会非常内疚，可是不关心未来的人不爱惜信誉的人他是根本不会内疚的。害了你他根本无所谓。对于这种人，只靠社会规范就不行。明白这个道理以后，我们也可以体会，对于一个由陌生人组成的社会，还是要有法律的约束才行。对于陌生人，你怎么知道他的信誉呢？这就要援礼入法。

不过要注意,法律不是越多越好。我们曾经听到一些领导人说，在他任上，立了多少多少法。立法不是看多少。事实上，法律有良法和恶法。的确有些立法，它的指导思想就体现恶法，什么东西看得不顺心了，就要立个法，让你无法使他不顺心。这样是不行的。立法当然要规范人的行为，但是不等于说，什么东西，你做领导的看得不顺心，就立个法。所以，刚才讲援礼入法，我们是从好的方面讲的，但是也不能够说，立法要立得越多越好。古罗马史学家塔西佗有句名言，就是"共和国越腐败，法网越密"。我们的情况怎样，大家可以思索。新加坡是独裁的，大家都知道。新加坡的传媒是不能讲政府坏话的，讲了政府坏话，政府就一定要起诉他，而且按照新加坡的法律，他一定要输。这有什么好？

回到社会规范，有些社会规范是可以自我维持的，比方说，下棋、打牌，我们都看到过朋友之间下棋打牌，有些人有时候要耍赖，要悔棋。你悔得多了，人家就不跟你玩了。这就是规范。这种规范是可以自我维持的，如果你总是耍赖、悔棋，人家就不跟你玩了。还有一些规范是由舆论来维持的。为什么人们讲面子、讲声誉呢，讲声誉这个事情啊，实际上非常要紧。有一种很俗气的说法，叫做"有贼心没贼胆"。能够做到有贼心没贼胆，就是靠声誉维持的。你在做梦的时候，什么事情都可以做，是不是这样？可是在现实里头，你就知道要约束自己，这就是社会规范在起作用。

其他一些规范，轻重各有不同。比方在饭店吃饭，你是服务的，主宾、主人的位置，你要非常清楚。如果你搞错了，就不合规范了。当然，不同的文化背景有不同的要求。美国人画漫画讽刺小布什，英国女王请他吃饭的时候，他不大懂规矩，刀叉之类的用错了，电视都给他放出来。虽然那不是太要紧的东西，不过我们也不能够太离谱。比方说人家送一张请帖给你，参加一个正式的宴会，虽然广东很热，你还是要打一个领带啊。这个我也不太懂，我太太就经常指点我。大家都挺正规的，只有你一个人穿着休闲服去，人家当时对你也没办法，下次可能就不请你了。

有一次，我随广东省一个代表团到美国去。我自己经历上比较得意的一件事情，就是克林顿总统的经济顾问斯蒂格利茨教授，在当总统顾问之前，是斯坦福大学的一个教授，他到我家来访问过。当时，官方的一个通知还贴在学校布告栏上，外国人不许随便进入我们的大学，外国人到我们的大学来演讲要预先审查批准。我接到越洋电话，说斯坦福大学两位教授要到广东来，希望到我们中山大学看看，斯蒂格利茨教授还可以做一个演讲，问我能不能安排。我马上就答应了。这个电话要是打到别的教授那里，多半就泡汤了。后来斯蒂格利茨教授在我们学校做了演讲。他演讲什么呢？讲《东亚奇迹和政府责任》。现在大家都知道，斯蒂格利茨教授非常帮我们中国。后来我们学生把这个演讲整理出来，北京看到，觉得这个演讲非常好。他来的时候，中国刚刚决定搞市场经济，搞市场经济，政府做什么呢？不太清楚。恰恰他讲的就是东亚奇迹和政府作用。北京赞赏他的演讲，我也就解放了。

那个代表团到美国去以前，知道我和斯蒂格利茨教授有过这样的交往，就想借此访问白宫办公厅。于是我给斯蒂格利茨写信，希望在白宫办公厅见他，他很快答应了。我们这个团到美国走了一圈，这是最高规格的待遇。可是同去的几个人，有几个是别的地方塞到我们代表团里头来的，地位应该比较高。那几个人的行为叫我感到非常不舒服。一天到晚咳嗽，随地吐痰。坐出租车，喉咙拼命地咳痰，咳到黑人司机都怕了。早上在旅馆自助餐的时候，一大堆东西拿到自己面前，吃又吃不掉，还橘子皮乱扔，我帮他们拣回去他们还是要扔。自助早餐都是非常丰富的嘛。我不晓得这种级别那么高的人，行为竟然会这样。我不愿意把行为这样的人带到白宫办公厅去。我就跟团长说，斯蒂格利茨教授给我们面子，我们也要维护中国人的面子，那两个行为举止有点怪异的人，是否就不要访问白宫办公厅了。我的建议，出自维护中国的声誉的考虑。团长接受了我的意见。

　　行为举止并不是太小的事情，大家要注意建立中国人良好的形象。在公众场合大声喧哗，是中国人的特点。十多年前你到美国的大学，走近访问学者住的宿舍，一天到晚声音最大的宿舍，多半是单身中国人的宿舍。当然我也可以给他们一个解释，当时中国人比较穷，一般家属都不去，几个单身汉住在一起，不大声才怪。如果家属一起去，那就是一个幸福的小家庭，就不会一天到晚嚷嚷了。但不管怎么样，中国人讲话声音往往很大，这个在外面形象也不怎么好。所以，有些事情从外表上是看得出来的。最高的境界，是自己有什么事情做得不符合社会规范，内化成为个人的负疚感。今天自己的表现不够好，回去想想，为什么自己表现不够好。别人没有责备你，你自己责备自己，那么社会发展就会好得多。

现在这个社会，规范并不那么清楚。这不能怪大家，因为社会变化快。比较而言，广东人还是比较好的，比较能够吸收外面的先进文化。昨天我们吃饭的时候谈起，广东几件事情做得比较好，都是因为我们比较开放。记得我二十多年前第一次到美国去，就感到广东人跟别的一些地方去的一些人不大一样，比较了解外面的情况。这是我们的精神财富。其实那时候广东非常穷。我记得在改革开放之前，广东人出差到湖南，要把湖南的猪头肉买回来，湖南的物质比广东丰富嘛。广东人出差到北京，要把北京的猪肉买回来，坐火车回来，怎么能带猪肉呢，有些人就用硼砂涂上去带回来。硼砂是有毒的呀，广东那时候就苦到这个程度。我们是饿着肚子长大的，但是眼界还是比较开阔。我到了美国，觉得美国很多好的地方。这么好，我是理解的，是预料之中的。但是北方去的一些学者，甚至一些大学者，他们就不那么理解。他们说以前看美国电影，以为电影里面的外景都是假的，结果到了美国，才"发现"怎么到处都像花园一样，就像现在到了东莞，到处像花园一样。他不晓得人家是真的。这个落差对他们的心理冲击相当大。他们一方面觉得外国怎么这么好啊，一方面自己就有些丢人的行为。

现在美国民众对于中国人民的态度，比起二十年前有所退步，二十年前他们普遍对中国人非常友好。这一切，有待各位，通过你们的行为，通过你们模范的行为来改善。

今天我讲的时间已经很长。但是如果主持人觉得合适的话，大家有一、两个问题，我们还可以讨论。谢谢大家！

美国联邦个人所得税的沉重代价 [1]

美国财政学会主席伯尔教授认为，美国模式的个人所得税税制是失败的。此模式一经确立，势必邀请所有政治家、各种机构和专业人士来寻租。综合累进加上各种减免，复杂得几乎没有人能够弄得懂。

美国财政学会主席关于美国个人所得税税制"几乎没有人能够弄得懂"的说法很有意思。我愿意以税务外行的视角，谈谈自己的认识。

填写税表的"绝技"足以让死囚活命

上学期末，我因为事务缠身，被咳嗽感冒折磨了整整两个月，后来还住院医治。医生说这样下去不行，一定要休息下来。其实我身体还是很好，只不过那些事务别人不肯主持，咳嗽感冒又不

---

1 据 1997 年 6 月 20 日在山东大学承办的国家自然科学基金重大项目《金融数学，金融管理和金融工程》立项研讨会上的发言扩充。

是什么大病，我只好勉为其难。事情忙过以后，既然有"医嘱"，我也就下决心"休息"，在寒假里看了不少电影。

其中一部美国电影 The Shawshark Redemption，拍得很好，引起我很大兴趣。这部电影的名字，被翻译为《肖申克的救赎》。

影片说的是美国一位年轻的银行家被误判杀害妻子而锒铛入狱，受尽了屈辱和折磨。后来他在狱中偶然发现了妻子被人杀害的真相，并且得到有关证人的支持承诺。想不到这样一来，他的处境更加险恶，随时有被狱方加害灭口的可能。但是他凭着熟悉税务填报的职业特长，帮助狱长、警长和狱警填报税表，成为狱方眼中的可用之奴，因被"控制使用"而得以活下来。经过近20年极其隐蔽的坚韧不拔的努力，挖通了人称"要400年时间才可能挖通"的高狱厚墙，在一个风雨交加的夜晚逃了出来。因为唯一可能的证人早已被狱方借故杀害，银行家本人已经无法讨回清白。但是他向新闻界揭露了黑狱的内幕，最终导致狱长吞枪自杀，狱警长被捕归案。

影片深刻地揭露了美国监狱的腐败和黑暗。因为对手是犯人，这使得狱方可以肆无忌惮，为所欲为，许多暴行真是令人发指。

自从银行家知道妻子被杀的真相，而且狱方也知道他知道真相以后，狱方对于他就必欲除之而后快。在监狱中借故加害一个犯人，对于他们真是易如反掌。那个愿意为银行家讨回公道作证的犯人，很快奉命进入了禁区，立即被杀，就是眼前的例子。那么，狱方为什么竟然不顾可能的"灭顶后患"，敢于"留用"银行家这位危险的犯人呢？除了他们以为权力可以遮天以外，最主要的原因是，有这么个犯人每年免费为他们填写税表，诱惑实在太大！

填写税表有什么了不起，值得为了有人代填税表就留用一个心腹大患？不了解美国的税务制度，不了解美国人如何因为这个税务制度而头痛，一定很难理解其中的道理。

我的富布赖特项目："美国税制"

1995年秋天，笔者作为富布赖特学者，赴美国密歇根大学经济学系，作十个月的访问研究，题目是"美国税制"。

此前，笔者对于美国税制，也可以说是略有所知，那就是与欧洲各国普遍采用增值税不同，美国联邦政府税务收入的大头，来自联邦所得税，主要是联邦个人所得税。以往访美，也知道每年春天，美国全国上下都忙于填写税表。不过事不关己，并没有切实的感受。这次可不一样，课题既是美国税制，所以凡是有关的动向，都不敢大意放过。

我申请这个项目，得到中山大学岭南学院黄月兰、许罗丹、顾敏渊、舒元，广东省税务局唐晓冰，中山大学管理学院顾宝炎，复旦大学唐国兴、高汝熹等许多朋友的帮助。看过我写的项目申请书的人，多半都夸奖申请书写得好，何况没有什么责任，为什么不说好话。可是，当我抵美以后把自己的设想报告给一位老学长寻求帮助的时候，他很明白地对我说，"这是一个雄心勃勃的计划，恐怕我难以提供你所需要的帮助"。学长早年留美，20世纪

40年代在哈佛大学取得博士学位，原是美国国税局的资深官员，现退休居住在美国首都华盛顿附近的小市镇上。学长的话语，是第一个清晰的告诫信号。不久，美国民主共和两党为政府预算闹得不可开交，导致联邦政府机关极为罕见地几度关门。预算之争，归根结底是政治较量，但是拿出来冠冕堂皇地辩论的，离不开关于税制的不同立场。转眼春天到了，密歇根大学国际中心举办了几十场辅导讲座，教大学生如何填写税表。

既负"重任"，不敢怠慢。我天天泡在图书馆里研读查证，约见教授和政府文件库官员向他们请教。几个月下来，在密歇根大学经济学系罗杰·戈登（Roger Gordon）教授和李稻葵（David D.K.Li）教授的帮助之下，知道了不少，却越发感到还不知道的更多。这时候，我算是真正服了。申请书提出的目标是对美国税制的"历史、理论和实施"作"透彻的研究"，这岂是富布赖特项目规定的十个月左右可以做完的工作！

焦躁彷徨之中，我借富布赖特项目鼓励的应邀讲学之机，承蒙萧政（C.Hsiao）教授、伊夫斯（C.Eaves）教授和丘成栋（Stephen Yau）教授的邀请，到南加州大学、斯坦福大学和芝加哥伊利诺斯大学走了一圈。时在斯坦福大学的钱颖一教授对我说，美国的税务制度很糟糕。多看看对美国税制的批评，也许更有价值。

金玉良言，真是振聋发聩。

的确，美国的税务制度，是很糟糕的税务制度。这早已是美国绝大多数经济学家的共识。至于美国的政治家，至少他们有一点还是很聪明的，没有人会出头为现行税制辩护。美国人民对于现行税制的抱怨，更是处处可闻。那么，如此糟糕的一个税制，绝大多数人都感觉切肤之痛，为什么不能有一个根本的改变呢，其根源，要从美国的政治制度去找。

现行联邦所得税的"守法成本"

美国财政收入的大头来自联邦所得税。在1995财政年度，联邦政府的总收入为13552亿美元，其中个人所得税5902亿，占43.6%，公司所得税1570亿，占11.6%，社会保险税4845亿美元，占35.8%。三项合计12317亿美元，占联邦财政收入总额的90.9%。

合理税制的基本要求是简单、效率、公平。美国联邦所得税却缺乏效率，欠缺公平，复杂得难以明白。它给美国经济带来的损失，大于美国每年几千亿美元的庞大的防卫开支。

为什么会这样呢，这就要从茫若天书的美国联邦税法说起。

美国税制，是人类社会迄今最庞杂最凌乱的税制。美国《联邦税法》的条文，按照其1994年版本，共有205章，1564节，大开本、小号字，密密麻麻印了两大卷，厚达1400多页。伴随发行的《1994联邦税则》，作为美国税制的不可分割的内容，一共五大卷。其中头四卷是关于联邦所得税的税务细则，就已经厚达6400多页。

联邦国税局发行480种税务表格，其中知名度最高的是每个纳税人都要填报的联邦个人所得税1040表格。它还发行几百种税务表格填写指导书，告诉人们怎样填写这些表格。这是一共三大卷的每卷合起来都有一英尺厚的说明书。每年，国税局都要向一亿多位纳税人寄出总数大约八百亿页的表格和填写说明书，这些表格和说明书一页一页接起来，可以环绕地球28圈。为了造纸印制这些表格和说明书，每年要砍伐30万棵大树。

除了政府部门的发行以外，复杂税制诱生的税务服务行业，还出版专业的税制研究杂志和税制实务杂志，出版各种专著、文集、词典和教科书。例如，单单为了在填写联邦个人所得税的1040表格时争取多一点减免，就有人出版了《1994年1040表格报税减免大辞典》，该辞典仅要目索引就长达19页，还是双排的索引，更不必说正文之庞大了。

美国一些经济学家调侃地说，随便你找一批怎么样的专家，也无论他们如何卖力地工作，都很难想象他们能够编制出一套比现行美国税制更加糟糕的税制。可是，现行美国税制一个漏洞挨着一个漏洞，一块补丁摞着一块补丁，却是历届美国国会的共同创作。

联邦所得税给美国经济和广大纳税人带来很大的损失。一是直接的事务成本，指的是为了保存收支记录、了解税务要求、准备税务文件、寄送税务表格的花费，请人准备税务文件的花费，纠错、受罚、诉讼、庭审的花费。二是因高税率导致激励不足而带来的间接经济损失，包括不想多干，不想多投资，不想扩大企业规模,把投资转向交税少的部门而不是利润高的部门,转向容易避税和逃税的部门。

首先说纳税人方面的事务成本,或者说纳税人的直接"守法成本"。在这样复杂的税制面前,守法并不容易。

1040税表,是纳税人申报联邦个人所得税的主表。1040下面,还有细则A、B、C、D、E、EIC、F、H、R、SE。例如,细则B是关于利息和红利收入的申报,细则E是租金、版税等额外收入的申报,等等。

1974年确立的隐私法和1980年确立的文字工作缩减法规定,要求居民提供信息,必须说明理由,同时告知将花费的时间。指导书列表说明国税局估计的填表所需的平均时间。例如为填报1040主表,资料准备平均需要3小时08分,学会填表需要2小时54分,实际填表需要4小时43分,复制、整理和寄出需要53分,合起来,填写和寄出1040主表,平均需要11小时38分钟。在主表之下,还要因人而异地填写相应的细则表。国税局估计,主表加上有关的细则表,平均来说每个纳税人一共需要68小时,才能完成联邦个人所得税的申报。

填报所花费的时间,就是纳税人的"守法成本",可以按平均工资每小时10.8美元折算,总数接近500亿美元。这是很保守的估计,因为早在1985年,美国国税局公布的处理税务文件的平均成本,已经达到每小时21美元。至于联邦公司所得税申报的事务成本,更早就远远超过500亿美元。你看,直接守法成本高达

1000亿美元以上！大家知道，美国一些政治家批评中国扩张军备，可是直到1997年，中国的年度军费预算，还不到200亿美元。

这里有必要指出美国国税局在税务处理方面出错率很高的事实。国税局自己承认，向纳税人提供的税务电话咨询服务，出错率有时竟然高达三分之一。为了辨明和纠正这些错误，耗费当在百亿美元左右。国税局的雇员，如果不是专门家，至少也是专业工作人员。税务咨询出错率高，只能是美国税制条文浩瀚凌乱的结果。税制凌乱，从而不得不雇用数以万计的人员来对付税务。税制凌乱，又致使只有极少数专门家才能明白就里。在这样的两难局面下开展工作，岂有不错之理。这是美国税制内在的困境。

扭曲资源配置的间接经济成本

除了税制条文浩繁以外，美国联邦所得税的主要特点，是普适税率高，豁免花样多。用美国人的牢骚说法就是，有本事你可以获得许多豁免或减免，哪怕是大富翁也不必交多少税，没本事你只好乖乖地缴纳重税。这更是许多毛病的根源。

原来，美国自第一次征收所得税开始，就按照收入的多少实行不同的税率。低收入者适用的税率较低，穷人不必缴纳所得税。这就是所谓累进税。一百多年来，累进性观念，在美国公众头脑里已经根深蒂固。人们觉得，如果他比我富10倍，他的税负应该是我的20、30甚至40倍。越来越多人相信，税收政策应该征富济贫，成为社会收入再分配的工具。按照简单算术，似乎各段税率逐级上升得越高，富人所缴纳的税款在全部税款中的比例就会越高。美国财政税务理论的一个重要发现，却与人们的直觉相反：每次降低税率，都使富人在税负总额中承担的份额上升。美国20世纪在20年代、60年代和80年代三次降低税率的经验，证实了这一发现。

第一次世界大战后，在财政部长默龙的主持下，美国的最高税率从77%降到25%。税改后，富人不但上交税款大幅度增加，而且承担的份额提高得更多，从29%上升到51%。与此同时，低收入阶层的税负总额下降了几乎8成，承担份额则从21%下降到5%。1986年税改，将最高税率从50%降到28%。在个人所得税上缴总额之中，最富的1%居民所担负的份额，从1981年的17.9%，上升到1990年的25.6%，最富的5%居民承担的份额，从35.4%上升到44%。可见，税基对税率非常敏感，最高税率下降，促使富人把财产从免税的债券转移到生产性投资，税基马上扩大。就政府财政收入而言，税率下降的负效应，比它带来的税基扩大的正效应小得多，是值得做的事情。低税率，广税基，才是实现实际累进性的最好途径。

名义税率很高，豁免漏洞却很多。在1967年，在联邦一级有50个豁减项目，使得美国国税局少收了370亿美元。到1981年，豁减项目增加到104个，因此少收了2290亿美元。到1986年，这个数字翻了不止一番，超过5000亿美元。税则漏洞使整个税基缩小到美国国内生产总值的一半左右。由于税制极端复杂，什么情况可以豁免减免,甚至同一笔收入如何填报才能豁免减免,都很有讲究,一般人很难掌握。《肖申克的救赎》中那个银行家,本来是狱方的心腹大患,但是狱长、警长知道利用他的稀缺才能可以帮他们少交一些税,多赚一些钱,就宁可留用他。如果不是很大的诱惑,他们怎么会让他活下去呢。

税改的理想与现实

1981年,斯坦福大学经济学家霍尔(Robert E. Hall)和拉布什卡(Alvin Rabushka)提出"均率税"(The Flat Tax)或者"单一税"的税改方案,建议美国实行单一低税率的联邦所得税制度,为个人所得设立统一的高豁免额,同时基本取消其他逐项减免和特例豁免。他们的建议得到经济学家的广泛赞同。自那时以来,几乎每年都有议员向国会提出均率税提案。按照均率税的1995版本,他们建议的对居民和企业都适用的单一税率为19%,四口之家的个人收入豁免额是25500美元。计算表明,这样做即可以保证联邦政府的财政收入达到现在靠高税率多漏洞税制维持的水平。单一税率加统一豁免,使税制仍然具有实际的累进性。

单一税不降低联邦财政收入,却能够大幅度降低最高税率,大幅度提高个人豁免额。19%的低边际税率,很有经济激励意义。对于有经济能力的人,多挣1美元自己可以留用81美分,当然比现行税制下只能留用60美分的情况更值得投入。

现行税制复杂,根源是税率等级多,特例豁免多。如果实行单一税，个人或家庭的税额，就是总收入减去豁免再乘以19%，企业的税额，就是利润的19%。这样，无论是收入在豁免额以下的穷人，还是年利润逾千亿美元的超大公司，都只需填写明信片大小的税表。

在所得的源头征税，而且税率划一，大大提高税制的严密性，有效地压制逃税避税行为。现行税制对企业所得的不同去向有不同的处理，不仅造就许多漏洞，激励避税行为，而且给税务管理带来巨大的工作量。每年，国税局收到10亿多张企业填报的1099表格，其唯一作用是说明营业所得的去向，它应当和居民申报个人所得税的1040表格的科目符合。可以想象，为了稽查1099表格和1040表格的相容性，其理论工作量真是天文数字。

学术界一直追求只对消费征税、不对投资征税的税制。这就是"看你从经济中拿走了什么"的赋税原则，认为这样的税制对经济发展最有利。单一税就是这样，企业投资打入成本得到豁免。

从居民方面看，情况也是这样。居民的投资渠道主要是购买企业的股票债券。设想某居民的应税收入是10000美元，如果他把缴纳1900美元所得税之后的8100美元用来买股票，企业就可以有10000美元去做投资。为什么是10000美元？不妨假定企业原有10000美元用于分红，为此要交1900美元的所得税，实际拿出来分红的只有8100美元。但是现在，企业可以用居民购买股票的8100美元完成原定的分红，原来的10000美元就可以完全用来投资。可见，个人把10000美元应税收入的税后余额8100美元拿去投资，投资实绩仍为10000美元。企业的资金归根结底来自投资者，因此上述投资者将来的红利收入，将是投资10000美元的红利收入。这就清楚说明单一税是只对消费的赋税。增值税也是只对消费征税的税制，但它不能实现美国人要求的累进性。

这个税改方案也遭受许多批评。首先是完全背弃了在美国深入人心的累进税理念，其次是低税率带来的激励是否确实能够补偿低税率低下去的本身。但是弊病很多的现行税制一直未能得到改造的根本原因，还是在利益重整方面的困难。事实上，当然也有许多人因现行的非常糟糕的税制而得益，他们不喜欢单一税那样的简单税制。美国参议院设有财政委员会，众议院设有法制委员会。这两个专责税法起草的委员会的成员，就是现行税制的得益者，各方面都要讨好他们。其次，国会两院议员，常驻首都华盛顿的七千多名拿高薪的院外活动家，全国几十万税务律师、税务会计师，也是这个制度的得益者。一旦实行单一税，任何人任何企业可以在几分钟之内填写好明信片大小的税表，专业的税务律师和税务会计师就将丢掉金饭碗。

需要明确的是，税制改革的直接障碍，是利益集团的院外活动。有关财团为了维护以往高强度投入获得的特权，不仅要继续而且会加大投入，还是通过院外活动，保证国会站在自己一边。在这场旷日持久、扑朔迷离的较量之中，最大的赢家，是庞大的税务行业和养尊处优的院外活动势力。美国"议会民主"的政治架构，为发达的院外活动，提供了制度支持。

方法篇

经济学教育现代化的片段轨迹[1]

去年（1997）国庆节期间在广州白天鹅宾馆从化培训中心"神仙会"期间，我有机会比较仔细翻阅中国人民大学出版社出版的斯蒂格利茨教授的《经济学》的中文译本，并就此为《南方周末》写了两篇短文，首先是大力推介，同时也提出商榷。文章见报以后，出版策划人梁晶给我打了几次电话，虚怀若谷，听取我的意见，并且邀请我到这里来讲演。我感到非常荣幸。

这本书的翻译出版之所以特别吸引我，固然是因为我和这本书的作者有过交往，并且喜欢这本书的原著，其实也因为译本的出版装帧上乘，像是我心目中的大学教本。梁晶可能有点夸大地对我说："你是第一个提出批评的人，所以我们请你来。"那么，我就利用这个机会，谈谈对于经济学研究、经济学出版，特别是经济学教育的想法。

---

[1] 1998年1月10日在中国人民大学出版社"经济科学译丛"学术报告会上的讲话。

经济学汉译的第三次浪潮

合着市场导向改革开放的脚步，经济学逐渐成为显学。人们渴望读书。除了商务印书馆源远流长、影响深远的"汉译名著"系列涵盖不少经济学经典以外，改革开放以来先后有过三次经济学汉译的浪潮。第一次开始于十年以前，北京经济学院出版社推出"诺贝尔经济学奖获奖者主要著作"丛书。这套丛书的质量比较差。例如丛书第一本美国德布鲁原著，刘勇、梁日杰译，王宏昌校的《价值理论》，只要看他们把"开车走向（斯坦福大学的所在地）帕罗阿托"翻译成"驾驶着波拉·奥托"牌小汽车，把"无界集合"的定义翻译成不可能存在的"离原点无穷远的集合"，就可以知道我曾经撰文批评翻译"错误百出，不忍卒读"只是坦率，并无夸张。更早，四川人民出版社"走向未来"丛书中，美国阿罗原著，陈志武、崔之元翻译的《社会选择与个人价值》，也有这样的毛病。第二次浪潮是几年前开始，上海三联书店和上海人民出版社推出"当代经济学译库"和"当代经济学教学参考书系"。这一波大有进步，影响之大，作用之好，均非第一波可比，但是就整个系列而言，翻译质量参差不齐，出版水平也有待提高。第三次浪潮则是中国人民大学出版社最近推出的"经济科学译丛"（以下简称"译丛"），在我看来，是我国经济学出版的里程碑式的成功之作。

我买了"译丛"的头三种：美国斯蒂格利茨的《经济学》，美国平狄克和鲁宾费尔德的《微观经济学》，以及法国泰勒尔的《产业组织理论》。总的感觉是翻译质量整齐，出版装帧上乘，简直可以赏玩，连日来真个是爱不释手。

只看到三种，就把整个"译丛"喻作我国经济学出版的里程碑式的杰作，是不是太早了一点儿？看来不会。时下学界和出版的情况，我还是知道一点的。这三种四册大开本共二千多页的炼狱功夫做下来，能够达到现在这样一个水准，没有学术水平不行，没有敬业精神不行，没有制度规范也做不成。担任《产业组织理论》一书总译校的张维迎教授，是组织理论和制度理论的专家。他在简短的后记中，透露了"译丛"的制度安排：匿名阅读样稿以后，他排除了认为没有把握的译者，推荐了三位新的译者。有这样的制度安排，有这样的学者献身，事情才可能做得那么好。山不在高，有仙则灵。三种书在读书市场一经推出，就已经为"译丛"树立了很好的形象。我一向认为，经济发展也好，学术进步也好，制度是第一位的要素。"译丛"的初步成功，得益于精品意识和严格的制度。这初步成功，是"译丛"同仁的宝贵资本和宝贵财富。我相信他们会珍惜自己的品牌和信誉，把"译丛"的事情做得更好。

在继承中创新的经济学

翻译这三本书的难度很大，但是三本书大体上都翻译得不错，出版尤其上乘。斯蒂格利茨的《经济学》，是中文世界迄今最好的经济学入门读物，对现代经济学的方方面面，提供百科全书式的和系统的论述。这本书从汽车写起，从老百姓身边的事情和老百姓的感受写起，可读性很强。"百科全书"式的介绍当中，又以公共部门（政府）经济学和信息经济学方面的论述最为精彩，因为作者正是以这些领域的研究见长。

微观经济学和宏观经济学是整个现代经济科学的两块基石。微观经济学讨论消费者和企业的行为以及市场反应，宏观经济学讨论国民经济的运行和调控。微观经济学在企业产业行为和市场运作方面专门下去，就是产业组织理论。平狄克和鲁宾费尔德的《微观经济学》，可贵之处在于一方面融汇了博弈论、信息经济学、新制度经济学等方面的最新成果，另一方面在技术难度上却保持在中级的水平。泰勒尔的《产业组织理论》，是微观经济学"博弈论革命"的结晶，是这一题材最权威的著作。

经济学研究生教育，讲究理论功底和创造精神这两个相互关联的方面。在我国，精通平狄克和鲁宾费尔德《微观经济学》的学生，一定是高质量的硕士学位候选人，再精通泰勒尔的《产业组织理论》，可以是高水平的博士学位候选人。近年来，我一直致力于经济学教育现代化，有资格作出这样的判断。我在这里需要说明白的是，作为教材，《微观经济学》和《产业组织理论》是给研究生和高年级大学生用的，那是因为他们要通过课程的考试。但是，这些优秀教材都有深入浅出的特点，特别是安排许多典型的案例。所以，不是专门从事经济学研究的读者有选择地阅读这两本书，也会学到许多东西。在这个意义上，即使对于普通读者，三本书都是开卷有益的经济学著作。

有人提出，斯蒂格利茨《经济学》是"推翻"萨缪尔森《经济学》

理论体系的划时代著作。我不这样看。现代经济学在继承中创新,在继承中发展。这就是我的感觉。

经济学教育的理科特性

《微观经济学》和《产业组织理论》都有许多图表分析和公式推导,有许多由易至难帮助引导学生走上研究道路的习题。不做习题,训练不出合格的经济学学生。这是现代经济科学"理科"特性的一个反映。在发达国家的一些大学,经济学学生拿的是"科学"学位,文学学生拿的是"艺术"学位。这和我们迄今把经济学划入"文科"颇有差异。教育要面向现代化,面向世界,面向未来。我们最终也要和国际接轨。

有些人总是把现代经济学说成是"西方经济学"甚至"数量经济学",这除了"画地为牢"的意思以外,至少也是很大的误解。说到数学要求,只要你掌握中学的代数几何并且懂得多项式求导,有经济学灵性,就可以把微观经济学学好。挑战自己的经济学灵性,可以读这本《微观经济学》。要紧的不是你学过多少数学,而是看你能否把中学数学和导数、斜率这么一些基础的方法用好。中学数学加上导数、斜率,大多数文科大学生都要学,可见并不是什么高深的数学。

这些书的篇幅都很大,怎么办?美国的大学教科书,喜欢写多写长,教授在课堂上讲的并不多,但是留给学生课后阅读的天地很大。提纲挈领把要点给学生讲清楚,是教授的本事。

常常听一些青年朋友说他很喜欢现代经济学的某一本著作,说学到很多东西。从喜欢的著作中学到许多东西的陈述,应该是可信的。但是读完一本喜欢的著作,是否能够把要领学到手,却不是一个凭感觉就可以说话的事情。十年前我给学生开"微观经济学"课,强调做习题的学生才能够参加考试。许多依当时经济学教育的习惯不做习题的学生被劝退了,但是有一个非常聪明但是不做习题的明星研究生一再说怎样喜欢听我的课,说收获如何大,坚持要我让他试试。别人已经拿到考卷了,他还不肯走。最后我想也好,让他切身体会一下不做习题的学习是怎么回事,就让他试试。他拿到考卷,很兴奋地看了一会儿,就没了动静,又不好意思走,就这么呆坐到清场的时候。后来他说,看了卷子,才知道规定不做习题的不能参加考试有道理。我感谢他坦率的反馈。信哉!"知之为知之,不知为不知,是知也。"连学会了没有也不能判断,怎么算是学会。

人大出版的这本《微观经济学》,在发达国家是经济学本科生的课本。别小看这本"中级"的课本,我可以在它的基础上出两三个题目,看你到底学得怎么样:一、一个垄断企业面对两个分割的市场,如何决定利润最大化的产量,如果这两个市场不再分割又怎样;二、在一个典型的纯交换的"艾奇渥斯盒"里面,怎样确定最后的交易均衡位置;三、认真看看该书的172页和173页,看看是否能够发现什么问题。谁能够今天就把三个题目做出来,我想我们可以建议请他到我们中山大学岭南学院教书。

之所以出现这样的情况，责任在学校和老师方面。学生都很聪明，可是接受的训练不大理想。有人曾经调侃地说，现在只要你喜欢读报，口才又好，你就可以在某些大学里讲《经济学》。另一方面的情况则是，一些地位高得很的经济学家，昨天还论证"计划经济是社会主义的本质特征"，论证"从计划经济到市场经济只能是历史的倒退"，今天又成了阐述"社会主义市场经济"的头号发言人。不必讲究逻辑，不必对自己的学术轨迹负责的学术宣传员，地位比讲究逻辑讲究学理的学者高得多，大体还是目前的现实。大背景是这样，经济学教育的定位就更加重要，因为未来属于现在正在受教育的一代。不然的话，一个从未受过正规高等教育的"小保姆"可以用"16 天写 18 万字"的速度写出得到我国学界政界许多大人物高度评价的大部头经济学著作（据 1997 年 1 月 19 日《光明日报》），劣币驱逐良币的经典过程，就会在我国学界一再上演。

经济学研究的假设推理逻辑

经济学研究，讲究首先摆清楚前提条件或者假设条件，然后展开你的论证——理论的论证或者经验的论证。经济学理论，讲究在怎样的条件下会有怎样的结论。

抽象地问这些话对不对，这个原则对不对，大家都说对，可是到了具体应用，往往就对不起，忘记了。典型的例子是，现代经济学论定，在完全信息、完全竞争和一次交易完成等条件下，市场将为任何商品确定均衡价格，按照这个价格，供应和需求正好相等，即达到所谓的"市场出清"。这里，完全竞争主要是说，因为参加市场交易的企业数目和消费者数目都很大，单个企业的供应量和单个消费者的需求量对整个市场的供求关系的影响都很微小，所以企业和消费者都是市场价格的"接受者"。这就是说，如果市场的均衡价格是多少，每个企业和每个消费者就都必须接受这个价格，除非他要退出交易。具体来说，如果均衡价格比企业预期的价格低，企业虽然不情愿，也必须把商品的市场价格降低到均衡价格，才能实现交易。同样，如果均衡价格比消费者预期的价格高，消费者虽然不情愿，也必须付出这个比较高的价钱，否则就不能实现交易。

上述过程的机理，就是供大于求则商品的价格下降，供不应求则商品的价格上升。在这里，价格当然由市场来决定，而不是由计划当局来制定。比对计划经济年代的价格管制，有些人就把这种情况叫作放开价格。这样理解的放开价格，就能实现市场出清，或者说就能实现供求均衡。这应该是从现代经济学派生的一个结论。

如果不注意结论的前提，就容易产生漏洞和误会。赞成市场经济的人可能以为，政策上放开价格，就能实现供求均衡；结果不是这样，于是反对市场经济的人就批评说，现代经济学（他们叫"西方经济学"）不灵。两方面的人都忽略了一个基本事实：虽然政策上放开了价格，但是一些企业并没有把商品价格降低到可以迅速出清市场的位置。政策上放开价格，并不等于上面那样理解的放开价格。既然供大于求的商品不肯降价,上述结论的前提也就不再成立。

经济学家的讨论会这样肤浅吗?会的。当年一本论述《社会主义价格学原理》的集体著作,被指定为大学价格学教材,就是这样批驳现代经济学关于市场决定价格的理论的:"如果商品价格真的是由商品的市场供求关系决定的,现在电视机供大于求了,为什么电视机的价格不会下降到一元钱一台?"你看,真叫人哭笑不得。政策上放开价格,并不等于前面说的放开价格。事实上,供大于求了他还不肯降价,他的那些商品就不可能出清。这正好说明现代经济学关于均衡价格由市场决定的原理的正确性。

现在我们说建立现代企业制度,也有不少人把它简单地称为"股份化"改造。这就不仅是学术争论了。在一些地方,正是在股份化的幌子下面,职工的财产被剥夺了:职工必须交出少则几千元多则几万元的个人金钱"入股",否则就要下岗。交了钱,美其名曰为当了股东,可是股东的权利呢,一点儿也没有保障。这是从职工方面说的。在企业管理和经营方面,则除了厂长或经理可以动用的资金多了以外,一点儿也没有改变。现代企业制度要求的监督和制衡,统统被抛弃。等到事情弄得很糟糕了,另一些人又会说,什么现代企业制度,不行了吧。其实,科学的理论告诉人们应该怎样做,你不这样做却反而责怪理论,这算什么逻辑。狗肉和尚念歪了经,却反过来说现代经济学不行,同样叫人哭笑不得。

机遇钟爱有积累的人

现在大家都知道,后来担任美国总统经济顾问委员会主席的斯蒂格利茨教授,曾经在1992年作为我的客人和钱颖一教授一起访问中山大学。当我在北京和在香港,在北美和在欧洲,和朋友谈起这段经历的时候,一些朋友觉得简直不可思议。他们说,像斯蒂格利茨这样的学者,要专门请他,恐怕上万美元也请不来,你王某人真是好运气。是啊,以斯蒂格利茨教授这样的履历这样的位置,却愿意在为世界银行公干的行程中,特意到中山大学来和我们见面,并且发表后来很受我国有关部门重视的演说,这真是可遇不可求的好事。当时,党的"十四大"刚刚确立我们要搞社会主义市场经济。政府在市场经济中如何定位,还是一个困惑人的问题,难怪他的演说很受人们重视。

我何德何能,竟有这样的"业绩"?不客气地说,接触现代经济学比别人早一些,领会深一点,倒是可能的,在学校里教书得到愿意学点真本领的学生欢迎,对社会经济发展提出的若干意见最后都被证明中肯,也说得过去。但是就思想影响和学术地位而言,岂敢望其项背。不说不知道,事实上,在斯蒂格利茨教授1992年来访之前,我还没有过和他直接交往的记录呢。

可遇不可求的事情让我遇上了,这就不能不说是一种缘分。托改革开放之福,自1981年以来,我多次出国访问,除了荷兰、日本以外,主要是在北美。回想我在美国总计三年多的时间,如果说和别的一些学者有什么不同的地方的话，那就是我没有把自己关在办公室里写论文。有趣的是，不把自己关起来拼命作研究，研究却作得还可以。首次赴美进修，我在普林斯顿大学度过了差不多两年。当做出比较像样的成果的时候，第一次应邀到别的学校演讲，就是去斯坦福大学。随后，我还应邀到加州伯克利大学和康奈尔大学演讲。后来几次出访，还应邀到美国加州大学艾尔文分校、南加州大学、芝加哥伊利诺伊大学、密歇根大学和密歇根州立大学、加拿大不列颠哥伦比亚大学、达尔豪斯大学和圣文森特大学、日本中央大学、东京工业大学和筑波大学、荷兰梯伯格大学演讲。没有邀请我去演讲的大学，我也争取一切机会作私人访问，拜识学术朋友，在耶鲁大学、哈佛大学、麻省理工学院、洛杉矶加州大学、多伦多大学、弗吉尼亚大学都留下过足迹。

1991年我再到斯坦福大学作私人访问，拜访经济学系的刘遵义教授和钱颖一教授。刘遵义教授早已在国际学界鼎鼎大名，钱颖一却是刚刚从哈佛大学得到博士学位的年轻教授。但是，几次和钱颖一教授交往，我都很受教益。他和斯蒂格利茨教授一起访问中山大学，实在是送给我们的一份厚礼。原来，他们因世界银行的一个项目要到东南亚和珠江三角洲走一圈，按照行程，到达广州的时间将是星期六的下午。星期一上午在广东省财政厅有一个节目，星期二上午将离去。星期天和星期一下午都是空的，干什么好呢？毕竟是学者，他们希望到学校看看，这就来到了我们中山大学。看来，我以往的努力，以往的铺垫，也是成就这份厚礼的要素。于是有人赞赏地说，王某人你是只顾耕耘不问收获。其实，广交学术朋友，只是一种乐趣，哪里就想到将来会做成什么大事？

不久，两位教授的这次来访还产生了另一项结果：斯坦福大学全额资助中山大学岭南学院的一位本科毕业生，到他们的经济学系攻读博士学位。当时，我和许罗丹向客人推荐了两位德才兼优的学生。四年以后，另一位学生也得到了全额资助。当时间进行到1998年夏天的时候，第一位学生已经以优异的成绩和出色的论文在斯坦福大学取得经济学哲学博士学位，包括芝加哥大学在内的著名学府都聘请他去任教，最后他选择了普林斯顿大学。

我一直觉得，认识世界上有些事情可遇不可求，不等于无所作为。可遇不可求不是无所作为的哲学。两位学生得到全额资助就读斯坦福大学经济学博士学位，又增加了一个可遇不可求的范例。不错，两位学生都很优秀。到斯坦福大学这样的名校深造，是许多学子的梦想。可是他们自己都坦言，原来没有申请斯坦福大学。认识可遇不可求，他们还是奋发学习。遇上斯坦福大学两位教授来校演讲座谈这样天掉下来的机会，机会就属于有所作为的人。两位学生在话别的时候都说，不是老师把那么有名的教授请来，他们不会有今天。他们不知道，如果专门去请，我作为他们的老师，恐怕也无能为力。

"张五常热"和"吉芬现象"[1]

诺斯教授说,"很不幸",张五常"对经济学已经失却了兴趣"。对于媒体当前的"张五常热",这是很有意思的解释。至于学界的"张五常热",在我看来,恰是中国经济学教育的"吉芬现象"。

"张五常热"有道理

"张五常热"在中国的出现,有它的合理性。最根本的依托,是他有常人难以企及的学术记录。他的"佃农理论",是非常深刻的研究,此其一;科斯(Ronald Coase)这样的经济学大师,奉他为罕有的知音,此其二。还可以有三,有四。这些都是他耗用不完的本钱。其次,他思维敏捷,才华横溢,往往片言只语就让人感觉他已经切中问题的要害,不由得读者和听众不佩服,因为他们经常面对的是保守的和木讷的先生和官员。

---

[1] 2002年12月9日对中山大学岭南学院部分研究生的讲话。

还有两个互相紧密联系的因素不可忽视，一是他不忌张狂的自我评价，配以对流行意见"错"、"亦错"这样居高临下干脆利落的断语。他批评主流经济学家是玩数学，并不真懂经济学。他正确地指出，经济学不是数学游戏，而是要解释世界的现象。但是他宣称，真正可以做到解释现象的，全世界包括他自己在内，数起来也"只有四五个人"；他还想象，他"有六七篇文章，一百年以后还会有人读"，但是"没有一个诺贝尔奖的得主敢这么说"。这就难免张狂了。中国大陆许多从小在谨慎甚至唯诺的压抑语境下成长起来的听众，听到功力如此深厚的大学问家这样张狂的表白和论断，好比幸会神明一样，精神上先就为之一振。回味他的演说和评论，多数倒也八九不离十，但是其痛快却让别人难以望其项背，所以许多人就难免对他生出崇拜来。至于他少数偏颇乃至谬误的地方，却正好不容易在非学术平台辨识。

二是他对经济学使用数学方法的直言不讳的反感、他对"年轻辈"主流经济学家的模型思考和数学推演的反复贬斥，给"更年轻辈"的学子以无须学习必要的数学方法也能成为现代经济学者的错觉，因为张五常本人就是他们面前活生生的大师级的范例和榜样。少数很有才华的学生，在很富成效却也难免颇费心力地沿着主流经济学训练的道路前进的时候，突然感悟到张五常道路更加潇洒得多，真有相识恨晚的感觉。仿佛如果早三两年就已经知道走张五常教授那样潇洒的路，说不定今天已经出落得另外一个样子。

这自然和我国经济学教育的大环境很有关系。二十多年来，只要一个人头脑好使，口才不差，爱读报，关心时事，自信心饱满，那就不必接受现代经济学的教育，也可以对经济问题发表高见，而且还可能参加经济学研讨，甚至走上经济学教育的讲坛。首都大报吹捧过的"16天写18万字"的小保姆，上海杂志着力包装的"南方新锐"，都是现成的例子。一直到现在，侃而优则成名成家，还不能说是一条不可以走得通的路径，我这里说的是成为"经济学家"。与此成为对照，现代经济学"新古典"的训练方法，对学生的投入的要求，要高很多。现在，学界也时髦讲究"投入产出比"。难怪"十年寒窗"是许多人敬而远之的境界，特别是在这个节奏似乎太快的世界。

关于经济学与数学方法的关系，钱颖一教授最近发表在《经济社会体制比较》（2002年第2期）的文章《理解现代经济学》，有精辟的论述。钱颖一教授指出，现代经济学的一个明显特点是越来越多地使用数学（包括统计学），其好处是假定清楚，推理严密，常常可以应用已有的数学成果推导出仅凭直觉无法得出的结论，而且可以减少无谓争论，并且让后人较容易在已有的研究工作上继续开拓，使得在深层次上发现似乎不相关的结构之间的关联变成可能。钱颖一教授非常明确地指出，经济学并不是数学，经济想法是最重要的，经济学作为整体必须瞄准事实，与经济现实相关。文章后面列举了半个世纪以来现代经济学中可称经典的31项论著，其中有张五常的《佃农理论》。钱颖一教授特别提醒读者说：我们从中不难发现，第一，除个别外，这些论著都运用数学（或基于运用数学的论文）；第二，除个别外，它们论述的都是经济学，而不是数学。

我比较认同钱颖一的看法，不赞成张五常的渲染容易造成并且已经造成的偏见，似乎运用了数学就是玩数学游戏。

展望张五常道路

张五常在《上帝之子》中写道："漠视一个人的成就而批评他是骄傲的人，自己才真是骄傲了。"如果有成就自己就可以骄傲还讲得过去，以为有成就就一定字字珠玑、句句箴言，人家一批评就是人家骄傲，恐怕却不那么合适吧。张五常的中文著述，瑕瑜互掩，精彩之处甚多，我等受益无穷，偏颇之处也着实不少，特别是每当他离开经济学问题本身发挥的时候。

我们的成就，如果还可以算是有的话，怎敢和张五常先生相比？在这个意义上，如果有人说我们没有资格与张五常教授争辩什么，自然也有他们自己的逻辑。其实我们实在也没有兴趣作这样的争辩，因为张五常教授并不是愿意听取不同意见的学者。前些日子，张五常教授到天则研究所的一个研讨会演讲，到了就讲，讲完就走，别人并没有和他交流的机会。你想，天则所研讨会的听众，是何等样人，如果他们是从事经济学的，说他们是经济学者，总不为过吧。据说，张教授那天的日程很紧，这当然很有可能，吾等岂敢存疑。只是他到各大学的演讲，也总是天马行空，呼啸来去，从不与人讨论，这就很难排除他是在发出不屑与人斟酌的信号（signal）。听说他与那些因为得以"与大师为伍"而倍感陶醉和享受的崇拜者们相处甚欢。那么，我等既然未能躬逢其盛，也就不便置喙。由于这个缘故，虽然我曾经写过一些短文对张五常教授的著述有所商榷，私心也不是与张教授商榷，而是与张教授的著述的读者切磋斟酌。

经济学界有张五常是最后一个不需要修微积分就获得学位的经济学博士的说法。作为一个对于现代经济学还算有所了解的教师，我愿意对我的学生们说，如果张五常先生曾经这样走过来了并且成就为大师的话，当今世界已经没有你邯郸学步的机会了。首先，谁叫你比张五常先生晚了半个世纪呢，第二，却是更重要的，谁叫你不是张五常先生那样的天才呢？我敢断言，缺了这两个条件，特别是天才条件，张五常的路就走不通。要知道，我们只是不比别人笨的凡人。即使会比别人勤奋一些，但还是凡人，不是张五常先生那样的天才。

陈平原教授设想大学要"为中材提供规范，给天才预留空间"（大意）。此言极是。天才不是课堂教学的产物。天才的发展，给他空间就是了，教书匠不要管那么多。有了空间，天才会自己跳上马，不需要你把他扶上去；天地广阔，天才自会驰骋，无须别人提供榜样。教书匠关心的，是中材们如何成就为合格的经济学者。

经济学者的"斤两"

张五常教授自己中文著述的《经济解释》在《21 世纪经济报道》

连载以来,我读得很认真。坦白地说,也读得好辛苦。这自然也因为我是一个凡人。

张五常先生难得地记述他在洛杉矶加州大学读书时的四位老师,其中一位是赫胥雷弗。说来惭愧,我入门经济学读的第一本书,就是赫胥雷弗的《价格理论与应用》(*Price Theory and Applications*, Prentice Hall, NJ)。张先生是赫胥雷弗的出类拔萃的弟子,我只是赫胥雷弗众多读者当中普通的一员,岂敢将天比地。但是有了赫胥雷弗这个大家都谈到的参照,也许比较容易说明问题。赫胥雷弗的《价格理论与应用》,作为微观经济学第一门课程,自然是写给"中材"们读的。如果张五常先生的《经济解释》也是写给我等"中材"们读的,那么以我的愚顽不化,难免觉得赫胥雷弗的《价格理论与应用》,比起张五常先生的《经济解释》来,要好读得多,虽然张五常先生自诩他的《经济解释》"会把斯密、马歇尔和费雪全盖过"。

第一,包括赫胥雷弗的《价格理论与应用》在内,主流经济学课本讨论"商品",但是张五常的《经济解释》却定义"物品"和"经济物品"。《经济解释》写道:"'有胜于无'是经济学上的'物品'定义。……物品可分为两大类:其一是经济物品,其二是免费物品。物品的定义是有胜于无,而在有胜于无之中,有一大部分是多胜于少的。'多胜于少'是经济物品的定义"。那么我们难免要问,"无胜于有"和"少胜于多"又怎么办呢?

比较起来,我觉得《价格理论和应用》等著作把商品

（commodities）区分为"合意品"（goods）、"厌恶品"（bads）和"无关商品"（neutrals），要更加准确和深刻得多。其次，中文里面"物品"的说法因为有了个"物"字，在日常使用中容易引起不自觉就要排除服务这种商品的错觉。

第二，如果我们说张五常先生全盘否定博弈论，应该并不为过。在《博弈理论的争议》中，张先生明白写道："看不到这理论对解释现象有什么用处。"在演讲中，他说得更富于戏剧色彩："现在博弈论已经搞了二十多年了，你告诉我吧，它解释了哪一个现象？给我一个吧，我只需要一个！"

张五常先生特别点出博弈论中著名的霍特林（Harold Hotelling）模型的结论不成立。张先生这样描述霍特林模型："一条很长的路，住宅在两旁平均分布。……要是开两家（超级市场），为了节省顾客的交通费用，理应一家开在路一方的三分之一处，另一家开在另一方的三分之一处。但是为了抢生意，一家往中间移，另一家也往中间移，结果是两家都开在长路的中间，增加了顾客的交通费用。"张先生接着写道："这个两家在长路中间的结论有问题姑且不谈，但若是有三家，同样推理，他们会转来转去，转个不停，搬呀搬的，生意不做也罢。这是博弈游戏了。但我们就是没有见过永远不停地搬迁的行为。"

除了三分之一应该是四分之一的笔误以外，张先生上面概括的推理，至为精确。不过，张五常先生没有见过，不等于别人也没有见过，更不等于不可能发生。我非常同意张五常先生关于一天到晚只坐在计算机前面做不了经济学的意见，也非常欣赏张五常先生关于经济学最终要解释现象的箴言。但是，除了观察力以外，想象力也非常重要。没有实际观察到转来转去的现象，并不等于没有转来转去的动机，何况我们实际观察到了类似转来转去的现象。

第三，张五常先生宣称经济学"来来去去"都是两招基本的原理，那就是自利假设和需求定律。他在《经济解释》中写道，"价格下降需求量必定上升，古往今来何时何地都不能有例外"；他还说这个需求定律是经济学的灵魂，"任何经济学者可单看他对这个定律的操纵就知道作者的斤两如何"。其实，需求曲线有时候可能在局部出现上升。价格上升需求量反而增加、价格下降需求量反而减少这种"吉芬（Robert Giffen）现象"，直到现在仍然是可以实验观察的现象。

针对以上三方面的问题，我写了《读正本"经济解释"，讲故事"吃饼领赏"》、《比萨饼从合意商品变成厌恶商品》、《厌恶品为什么需要花钱买》、《股票市场，越贵越追》、《童话岛旅游就餐，价格升销量反增》、《超级市场在规划局面前的选址博弈》、《摊贩为什么都往市场门口挤？》、《学校门口等出租车的争先行为》等文章，主要也是发表在《21世纪经济报道》上面，与读者切磋张五常先生的"物品"概念，探讨张五常先生认为不能存在的吉芬现象，试图展示实际生活中霍特林模型的原型。

过瘾话与崇拜泪

在当前的"张五常热"当中,张五常先生的过瘾话和张五常迷们的崇拜泪,是很值得回味的景象。

张五常教授在《博弈理论的争议》中写道:"学术上的行规你们怎么可以不知道。你要批评我的学术,找我发表了的学术文章来出气好了。"有道是"高山仰止",我等后学自当努力遵循这个规矩。可是正式的演讲又怎么办呢?就是说,不是先生手撰的,而是先生口述的,我们该怎么办。大家知道,张五常先生的演说,精彩纷呈,对受众的感染力极大。高潮之中,难免偶尔出格。对此,似乎张先生说过,那是过瘾话,当不得真(大意)。

这就难免有时候要让人犯难了。比如据《经济观察报》2002年愚人节(原文如此)消息,张五常先生在谈到我国一位经济学家的时候说:"(他)是我的好朋友。我没有跟别人合作写过文章,只有他例外。我怎么会不知道他是经济学家?"可是一年前张五常先生在中山大学很好的讲演厅面对几百学子讲演的时候,有听众请他对这位经济学家发表评论,他只是非常潇洒地回了一句:"他不是学经济学的吧!"自然,这句话又赢得不少笑声和掌声,把演讲会的气氛推向一个新的高潮。两则都是语音文本,可是我们真不知道张先生的哪一次说话可以当真。

我在前面写过个别学生流泪,现在《经济观察报》告诉我们,还有人因为别人没有对张五常先生"心怀感激,撩衫屈膝",而"心冷齿寒,辗转反侧",及至保护文章"一气呵成",之后竟"泪流满面"。这是文字记录的流泪了。我曾经在什么地方一晃眼看到过"高山面前不思仰止,大师健在竟不膜拜"(大意)这样的指责,再也找不出来。现在不用找了,"难道不应该心怀感激,撩衫屈膝?"是最好的版本,写得再清楚不过了:在这些朋友看来,面对大师,顶礼膜拜才是应有的礼仪和态度。记住,说的是:撩起长衫,屈下膝来!

怪道"愚人节"在西南财经大学,"张迷们把一旁陪同的赵德武副校长挤到拐角。在几乎留不出一点缝隙的礼堂里,后面的学生前往不得,就同声高喊'张五常!张五常!张五常!'"(均据《经济观察报》同日报道)。听说四月下旬在北大,张五常先生更在北大中国经济研究中心新红楼上,向欢呼的听众挥手致意。

在这样的背景下面,我前面不知如何解读张五常的困惑,已属完全多余。例如张五常先生自称三十年不读书。他的辩护人就解说:"张五常宣称'不读书',我们可不可以理解为劝人不乱读书,不妄言,读好书,听玉言,以求学习效果之'最大化'呢?"因为"先生临前不见古人后不见来者之高处,又不独怆然而涕下,将何以堪!""依他性格会大呼'惨不忍睹'。若不如斯,他怎会自费布道于大陆南北东西;怎会在退休赋闲后,还心急火燎为大陆学人赶写《经济解释》一书;他怎会危言耸听以惊麻木?"真是善解人意。可是大师自己,却依然潇洒,在"愚人节"还回答记者说:"我找不到有任何理由要读书。"(亦据《经济观察报》同日报道)

兴趣学术外

说到"吉芬现象",我倒是觉得大学生里面的张五常热,是我们经济学教育中的"吉芬现象"。吉芬现象并非市场现象之常态,但是可能发生。同样,张五常热不是经济学园地的常态,目前却正在出现。市场发达了,吉芬现象也就随之消失;经济学教育走上正轨以后,张五常热恐怕也只能热在校园以外。前面说过,张五常先生近年的中文著述和演讲,瑕瑜互掩,在经济学必须解释现象的箴言和关于市场经济实际问题的许多精辟的和深入浅出的论述以外,其盲目贬斥数学方法和全盘否定博弈论,难辞偏颇和谬误。大师的偏颇,也是偏颇,大师的谬误,也是谬误。虽然我们是凡人,离大师的行列很远,但是仍然可以作出自己的取舍和判断。

在张五常教授谈到过的经济学者之中,没有被他尖刻批评过的不多,他的老师赫胥雷弗和诺贝尔奖得主诺斯(Douglass C. North)是幸运的两个。赫胥雷弗教授就一直在作博弈论研究,部分因为这些博弈论研究,去年还荣获美国经济学会年度杰出学者称号。至于诺斯教授,从张五常的《随意集》我们知道,诺斯教授很早就说过,"能将经济学理论全面革新的,就只有张五常一人,可是很不幸,这个人对经济学已经失却了兴趣。"这里,我们原句直录张五常先生自己的中译。诺斯教授是著名的经济学说史专家,他对于经济学学说、流派和经济学者的评论,很有参考价值。不是讲究解释现象吗?对经济学"失去兴趣",是很有意思的解释。

张五常教授宣称,他有好几篇文章可以传世,但是"没有一个诺贝尔奖的得主敢这么说"。以我们有限的想象力,很难认同这样的展望。他比较负责的地方,是在《经济解释》之缘起中说,学生考试时用上他的答案,"不免凶多吉少"。

在19世纪,吉芬爵士观察到爱尔兰贫民因为缺乏支付能力,多以比较便宜的马铃薯充饥,很少能吃他们视为佳肴的面包,但是当马铃薯涨价的时候,他们因为更没有钱买面包,反而被迫买更多马铃薯。在经济学史上,观察到并且报告过需求定律的这种反常现象的吉芬,应该不算什么大师级的人物。但是至少我宁愿预测,100年以后,知道吉芬名字的经济学学子,要比知道张五常大师的名字的人多很多。

重写政治经济学[1]

尚未完成的历史任务

政治经济学教科书和建设有中国特色社会主义的实践脱节甚至背离,是理论工作必须正视的问题。撰写小平同志寄望的"马克思主义基本原理和中国社会主义实践相结合的政治经济学"[2]的历史任务,至今尚未完成。

可能有人会问,目前的政治经济学教科书上,都写了"社会主义市场经济",难道还不是小平同志和广大人民所寄望的政治经济学?

问题并不那么简单。社会主义市场经济,应该是我们的政治经济学的大政结论。至于怎样从基本现实的概括和基本理论的分析得到这个结论,现有的教科书并没有提供科学的说明。不同的

---

1 在1998年《改革》杂志"纪念改革开放20周年座谈会"上的书面发言。
2 《邓小平文选》(第三卷),人民出版社,1993年,第83页。

理论概括，导致不同的大政结论。近年新版的课本和著作，大体上还是修修补补的产物，在原来导向计划经济的理论框架之上，安装几面社会主义市场经济的旗帜。这样的课本，虽然努力向社会主义市场经济靠拢的精神值得肯定，但是仍然存在理论脱离实际、学术脉络含糊、有时前后矛盾，甚至很难自圆其说的毛病，缺乏应有的说服力。

是不是讲得太重了？不。一方面说商品的价值由商品所包含的社会必要劳动价值量决定，而商品的价格以商品的价值为轴心，另一方面又说商品的价格以市场决定为主。究竟是劳动决定还是市场决定？这就矛盾得很。这是就理论脉络说的。在现实的经济生活中，破世界纪录的"马家军"姑娘的收入，远远比不上甚至要向伊朗、韩国、日本称臣的足球队的那些队员。面对这样的现实问题，我们同样可以问，究竟是劳动决定还是市场决定？

也许有人会说，那是社会分配中的不合理现象，责任不在我们的政治经济学理论。是不是不合理，理论对此有没有责任，我们以后再说。问题是，科学的理论，"合理"的理论，应该也能够准确地、令人信服地分析"不合理"现象的成因。如果一遇到"不合理"现象就要挂"免战牌"，科学要输给不科学，"合理"抵不过"不合理"，这样的理论，不是太可怜了吗？这样的理论，不会有信服力。

价格机制和分配制度

理论那么脆弱，是因为自苏俄版政治经济学问世的大半个世纪里面，我们一些朋友深受其理论脱离实际的经院哲学的影响，把经济学在马克思以后的发展，在体系上一股脑儿地划入资产阶级庸俗经济学的范畴，使我们处于自外于现代经济学的位置。

价格机制，即商品的价格由什么决定，是全部经济学理论的出发点。恰恰在这个问题上，我国经济学界许多朋友信守商品的价格取决于生产该商品所需的社会必要劳动时间的"劳动决定论"，拒绝接受以供不应求的商品价格上升、供大于求的商品价格下降为主要内容的"供求决定论"，把这种符合现代经济学关于价格反映资源的相对稀缺性的原理，并且人民大众在"物以稀为贵"的日常生活经验的基础上容易形成的正确见解，贴上"资产阶级庸俗经济学理论"的标签。这使我们的经济学一开始就没摆正基石。

问题真的那么尖锐吗？让我们就价格机制和分配制度，作一对比分析。

有效率地生产和较公平地分配，是经济学面对的基本问题。价格机制和分配制度，是基本问题在经济机理层面和经济政策层面的主要论题。价格机制弄清楚了，分配制度也就水到渠成。只要关于价格机制和分配制度的理论是科学的，就将是小平同志所说的马克思主义基本原理和中国社会主义实践相结合的政治经济学，就将是科学的理论。

为什么我们的教科书那么脱离实际呢？下面的表格可以帮助分析。

表一：不同的理论体系，不同的分析结果

体　系	苏俄版政治经济学	现代版政治经济学
财富创造	劳动创造财富	劳动、资本和其他生产要素共同创造财富
价格机制	社会必要劳动时间决定商品的价值，价值是价格的轴心	商品的市场供求关系决定商品的市场价格
社会财富的收入分配	劳动创造，劳动决定，因而按劳分配	首先要看市场实现，再按投入要素分配
宣称的分配制度	按劳分配	按效益和按要素分配
理想的分配制度	按劳分配	按效益和按要素分配，逐步做到按劳分配为主

从以上对比可以看出，在各自的体系中，相应的论述大体上都是顺理成章的，但是得到的制度结论，一个是实现不了的按劳分配，另一个则大体符合实际：首先要看市场实现如何，有人把它叫作"按效益分配"，然后是"按投入的要素分配"，其中包括按劳分配。后者就是表上概略的"按效益和按要素分配"。

摆正价格机制这块基石

既然逻辑上都顺理成章，那么问题的根源就在出发点上。的确，分配制度的背后，是价格理论。课本都说商品所包含的"社会必要劳动价值量"决定商品价格的轴心。但是大家都知道，只要是拿到市场上去作为商品交换而又确实有社会需求的东西,哪怕不包含多少劳动,也可以卖出很高的价钱。可见,劳动价值决定商品价格,并不是普遍规律。我曾经举例:粤菜风行,遂使鸡爪的价格倍增,难道养鸡的劳动现在才转而凝聚在爪子里?谣言肆虐,原来在日本畅销的一种美国糖果竟成空耗仓容的滞货。错版邮票,吉祥号码,身价陡升千万倍。面对许多现实的经济现象,价格机制的劳动决定论实在是苍白虚弱得很。

供求关系决定商品价格的原理,也左右着社会财富的收入分配。所以,市场经济并不自发导向社会规模的按劳分配。收入,首先要看市场实现。欣赏足球的人比欣赏长跑的人多得多,这就是三流的足球运动员身价比一流的长跑选手来得高的社会原因。实现了的收入怎么分配呢?大家都同意,资本和劳动是生产的两个最基本的要素,缺一不可。既然如此,市场决定的收入分配就自然"论功行赏",兼顾二者,并不只看劳动。所以,一是收入须市场决定或者说市场实现,二是实现之后先要按要素分配,再下去一个层次才是过去所说的按劳分配。当前一个长时期内,按劳分配作为基本的激励机制,主要只能在企业内部的劳动工资制度中得到体现,而不是全社会的分配原则。

按劳分配为主的前景

长期以来,教科书总是教导"按劳分配是社会主义的基本特征"。这种理想色彩的教育宣传,在人们一旦发现实际生活根本不是这么一回事的时候,会产生非常不好的社会心理效应。重一点,是一些群众感到受了欺骗;轻一点,是使人觉得教育只是教育,宣传只是宣传,现实可不能听信宣传和教育。这对于团结全国各族人民建设有中国特色的社会主义,是消极的因素,不利于安定团结同心同德,不利于中华民族的凝聚力。

政治经济学和别的一些学科不同,关系着我们党的纲领和人民的切身利益,关系着每一个人的信念和感情。因此,政治经济学要勇于面对现实,最忌理论脱离实际。小平同志尖锐地批评,"有相当一部分理论工作者,对于社会主义现代化建设实践中提出的种种重大的理论问题缺乏兴趣,不愿意对现实问题进行调查和研究,表示要同现实保持距离,免得犯错误。"[1] 我们不能无动于衷。什么时候,政治经济学可以发展成为从经济分析得出政策建议的学问,我们的理论就会恢复好的名声。

正是市场经济的现代经济学,在阐明市场机制的时候,也揭示了市场力量的短视,它本身并不导向按劳分配。例如,基本上集注于眼前利益的市场,不能有效地对于教育、国防、科学文化提供足够的激励。如果任由市场来定位,那么等到我们的社会"成熟",可能已经损害了整整一两代人。所以,为了国家的长远利益,社会分配和建设投资,应当在力所能及的范围内,向教育、科学、文化乃至基础设施倾斜。这就是政策建议。

回到分配制度上来,现代经济学明确,劳动市场的分割,是

---

[1] 《邓小平文选》(第三卷),人民出版社,1993年,第40页。

工资水平差异的前提。当今世界，劳动力流动困难，但是资本流通容易，哪里利润率高，就往哪里流。资本流通的结果，使得世界各地的资本利润率趋于比较一致。供求关系决定商品价格的价格机制，可以通俗地表达为"物以稀为贵"。在资本匮乏的国家和地区，资本物以稀为贵，可以说劳动比资本便宜。相反，资本富集的地方，劳动物以稀为贵，可以说劳动比资本金贵。一上一下，就是工资水平差异的原因。这一分析，也说明为什么我们要吸引投资。经过较长时间的努力，等到我们的经济发展了，等到我们也资本富集了，我们的工资水平也会上去，劳动相对于资本就越来越金贵。到了那个时候，分配要素之中，劳动很自然就成了大头，"按劳分配为主"，将成为现实。

经济学：捍卫理论，还是发展理论？

在1994年第1期《中山大学学报》上，有我的一篇《经济学科学重建，要从价格机制开始》。《中国社会科学》1994年第6期发表了汤在新先生为批评我而撰写的《劳动价值论是市场经济理论的基石》。汤文和其他一些捍卫文章的两种做法，值得留意。

首先，是作者总是力图把批评对象和马歇尔、萨伊等人联系起来。

一定要把一种理论和某个祖师爷联系在一起，是这些朋友的习惯。最大的好处是：一旦联系程序完成，那么谁是谁非就只需看祖师爷。这样"论证"了一番供求决定论出自马歇尔，于是结论就有了,因为按照他们的分类,马歇尔属于庸俗资产阶级学人。

面对这种联系手法,有必要指出,人民群众关于"物以稀为贵"的说法,比马歇尔要早得多。如果一定要找供求决定论的祖师爷,人民大众将当之无愧。马克思主义的精髓是实事求是。"物以稀为贵"是市场经济的基本规律,那是活生生的马克思主义。

还可以指出,我国春秋时代杰出的经济学著作《管子·国蓄》篇就明白写道:"夫物多则贱,寡则贵。"相信这不会成为把"物以稀为贵"划为封建主义糟粕的依据。

第二,汤文等一些"捍卫文章"都有同样的结尾:商品的价格决定是一个"已经解决的"问题,那就是劳动决定。任何新的讨论,都只能是科学的"倒退"。

胡绳先生发表在《中国社会科学》1995年第2期的文章《马克思主义是发展的理论》指出,"马克思主义的科学特性,决定了它必然要求理论随着实际生活的发展而不断地发展。"文章提出,"要通过实践,进行深入的科学研究,弄清至今尚未弄清的许多具体规律,发展马克思主义的社会主义建设的科学。"胡先生还具体写道,"马克思死于1883年,恩格斯死于1895年。从19世纪末叶到现在,人类对自然的认识、人类的社会历史都发生了巨大的变化和发展。这些变化和发展的具体形态和进程是马克思主义的创始人所不可能预料到的;发展马克思主义是每一个真诚的马克思主义者所应该负起的任务"。

社会主义市场经济的理论,就是一门亟待发展的马克思主义的社会主义建设的科学。很可惜，由于一些朋友正如胡绳先生指出的那样，老是把马克思主义局限于马克思等经典作家说过的东西，关于社会主义市场经济的基本理论，至今还是一个修修补补的大杂烩。

回顾思想理论界的轨迹，我们深感一些朋友老是把捍卫什么作为自己行动的纲领之可悲。马克思主义是科学，是科学就经得起检验。不许讨论，动辄叫嚷捍卫的，恰恰可能是假的东西。马克思主义的基本原理，也必须不断地以人类社会的新的经验和新的认识来充实和丰富，哪里有什么因为"已经解决"，就只许朗读和捍卫的命题？

从经济学的现代发展吸取营养

蒋学模先生出于"事关马克思主义经济理论的生死存亡，不可不察，不可不辩"，写了《现代市场经济条件下如何坚持和发展劳动价值学说》，发表在《经济学动态》1996年第4期。蒋先生在谈到现代市场经济中"许多""令人困惑"的现象时写道："如果按照庸俗经济学的那种机器、资本也能创造价值的理论，问题似乎就迎刃而解了。"要是按照资本等生产要素也参与创造价值的理论，那些"困惑"可以"迎刃而解"，为什么不考虑是否可以从那个理论吸取营养呢？蒋先生之所以不愿意这样做，并不是因为那个可能使困惑现象迎刃而解的理论不符合实际，而仅仅因为它已经预先被划为"庸俗经济学"。

马克思主义创始人也是人。我们比较同意胡绳先生上述"不可能预料到"的说法,不那么欣赏蒋先生认为马克思主义创始人"无比犀利""预见经济理论变化"的说法。如果创始人已经预见一切,我们需要做的,就只是发掘他们说过什么,再加以整理就是了。

事实上,一些朋友就是这样做的。他们判断理论,不看是否符合实际,只看是否可以从经典著作里找到根据。这是理论工作的悲哀。为什么对于使困惑问题迎刃而解的理论,只因马克思主义创始人未曾预料到,就要排斥呢?我们的经济学亟待发展。正确对待经济学理论的现代成果,从中吸取一切有益的营养,是做好这一工作的重要原则。只要我们的理论是与实际相结合的理论,反映社会主义市场经济的客观规律,那就是马克思主义的经济学理论。我们应当为此作出努力。建设有中国特色社会主义的伟大实践,向我们提出许多有待探索的理论问题。面对这一探索,真诚的马克思主义学者不会轻言捍卫。

实践是最权威的力量。基于改革开放 20 年的伟大实践,重写政治经济学的条件已经大体具备。把这件大事做好,对于建设有中国特色的社会主义,具有深远的历史意义。

提供思想的经济学课本[1]

——有关赫舒拉法[2]《价格理论及其应用》的个人经历

美国杰克·赫舒拉法（Jack Hirshleifer）教授的《价格理论及其应用》，是我最喜欢的微观经济学课本。日前，李俊慧同学给我寄来它的中译本。在国内出版这本书的中译本，是我二十多年来的愿望。现在，这个愿望终于实现了，我感到非常高兴。遥想当年笔者走上经济学教育的不归路，就是从研读赫舒拉法教授这本为大学本科生写的微观经济学课本开始。二十多年前，中山大学岭南学院率先开设国际主流的微观经济学课程，我们的名誉院长、美国普林斯顿大学的邹至庄教授，就指定我们使用赫舒拉法教授的这个课本。

亲切的回忆

赫舒拉法的《价格理论及其应用》，初版在1976年。岭南学

---

[1] 2009年6月26日对中山大学岭南学院一、二年级同学的讲话。
[2] 笔者对于Hirshleifer的翻译，一直是赫胥雷弗，但是现在荐评张五常教授作序、李俊慧和周燕完成的译本，自然客随主便，用赫舒拉法。

院成立的时候我们使用的,是该书的第四版。2005年,该书发行了第七版。现在我们看到的中译本,就是第七版的译本,翻译者是李俊慧博士和周燕博士,张五常教授特别为这个译本写了《受教的经历——为老师的课本序》。

翻开课本,处处勾起我亲切的回忆。

赫舒拉法教授在前言中告诉读者,"经济学是一种思考方法"。这也是二十多年来我给中山大学岭南学院的本科生上"中级微观经济学",头一节课要强调的视角。

中译本第111页(以下只说页数,均指所说的中译本)有一个这样的思考讨论题:

> 英国作家萨克雷的小说《名利场》的主角贝姬说:"如果我一年能有五千英镑,我想我也会是一个好女人。"你能给出一种经济学解释吗?

我在上课的时候和普及写作的时候,都进一步展开说,如果贝姬这个表白本身是真实的,人们至少可以提供两种可能的解释:第一,贝姬是想做好女人的,但是她太穷,所以做不了。如果贝姬每年有五千镑的收入,她就会恢复好的本性。第二,贝姬本来并不愿意做一个好女人,就像不想辛勤劳动一样,但是如果有人每年给她五千英镑作为补偿,为了这些钱,她也愿意勉为其难,做一个好女人。

怎样才能知道贝姬本性是好的还是坏的呢？如果我现在全权主持一个科研基金，你是否可以向我提交一份"项目申请"，把贝姬的本性研究清楚？你必须在申请书上写清楚你的"技术路线"，即准备怎样完成这项研究，并且写清楚需要多少钱完成这项研究，让我信服。

鼓励读者尝试这个模拟申请，有助于发掘他们的经济学潜质。我还提醒，为了不干扰思路，建议大家撇开"好""坏"的道德判断，例如不妨把"做好女人"理解为"笑不露齿、行不见步"的仪态规范这样的事情。

翻到74页关于衬衫和蛋糕的"图3-9 餍足"，又马上想起我上课时候的另外一个得意的小品：教授组织的"志愿者吃饼领赏"实验。这个实验是这样进行的：在实验进行的半小时之内，自愿参加实验的同学每吃下一块比萨饼，就获得一美元的奖赏。我请同学们想象并且画出一个典型的志愿者面对美元和比萨饼这两种商品的无差异曲线，即中译本所说的等优曲线，并且画出实验是怎么进行的和志愿者何时退出实验。

等优曲线或者无差异曲线，是刻画消费者偏好的简捷工具，消费者的不同消费偏好，体现在他们不同的等优曲线图。在这个吃饼领赏实验中，胃口大小，食量是否敏感，都可以通过不同的等优曲线图表现出来。现在这个新的版本，变化的只是把美元改成衬衫，把比萨饼改成蛋糕而已。这里关键的一点是：随着越吃越多，必须吃下肚的比萨饼从原来的"合意商品"逐渐变成"厌恶商品"。

我的贡献是，实验本身，也可以用一条直线表示出来，并且清楚显示所论的志愿者何时退出实验，即吃了多少比萨饼以后选择离开。

在中级微观经济学，曲线表达就有这样神奇的魅力。据此，比李俊慧和周燕她们晚许多届的学生欧瑞秋，把我的课堂笔记整理成《图解微观经济学》出版，很受大学生欢迎。我们这种"图解"思想的萌芽，很大程度上来自赫舒拉法这个课本的启发。

不意成"名人"

前年（2007年）9月我应邀在大连给东北财经大学的同学上课的时候，在一项由《羊城晚报》社、广东省文联、广东省作协联合主办，广东省文化学会协办，包含一个网上票选环节的活动中，被缺席评选入"当代岭南文化名人五十家"。这让我感到非常意外。要说健在的岭南文化名人，红线女、唐大禧、潘鹤这些艺术家固然众望所归，其他对于岭南文化有所贡献的人士，也多了去了，哪里轮得到我？

后来发现其中身份跟经济学沾边的，只有我一个，才算悟出我竟然能够忝列"当代岭南文化名人"的一点道理，那就是我乐意写小文章，从老百姓身边的故事阐发现代经济学的道理。现代经济学是关于市场经济的学问，广东人民素来比较能够放眼看世界，所以容易接受我的这些小品。如果一定要在广东找一个容易跟老百姓沟通的经济学者，我想我的确可以作为一个候选人。今天，我仍然不认为我可以忝列"当代岭南文化名人"，但是同意我是一个容易跟老百姓沟通的经济学者。

不过现在我想说的是，我的小品写作固然基于我对于中国社会和欧美社会的观察和思考，但是其中许多观念的提炼和升华，却十分得益于赫氏的这本《价格理论及其应用》。比如我很早就批评"劳动决定论"，喊出"物以稀为贵是市场经济的基本规律"，这可以说就是赫氏《价格理论及其应用》把基点放在商品的市场供求关系决定商品的市场价格的结果。赫舒拉法在第一章开始不久（第20页）还进一步明确，"所有经济问题的根源在于稀缺"，从而微观经济学是关于权衡取舍做出最优选择的学问。

我写过一篇文章，故事是说一家人把临街的原来自住的房间空出来做馄饨卖，辛苦一个月，销售收入减去原料成本，账面上有几百元的盈余，以为赚了，其实是亏本生意。这是因为房间要是租给别人，自己什么都不干，恐怕已经有超过那几百元的收入，何况现在全家辛苦，要是这么辛苦给别人打工，也不止收入几百元。这篇文章的说服力，就来自赫舒拉法在第141页阐述的"经济利润VS会计利润"，把会计利润和经济利润区分清楚了，虚盈实亏的关系就能够一目了然。

改革开放三十多年来，我们的多数企业还是在作低水平竞争，缺乏核心竞争力。面对"微利时代来临"的恐慌，我很早就写过文章，说这么低水平地竞争下去，不要说微利，连保本也都将难以为继。

写这篇文章的时候,我明确点出,现代经济学有一个零利润定理,说的是:"长期而言,竞争产业(行业)中任何企业的经济利润都为零。"这个"零利润定理",完全是赫舒拉法告诉我的(第 178 页)。怎么逃出零利润的宿命呢?那就是要创新。用广东话来说,就是要"饮头啖汤"。人无你有,别人就处于不能和你竞争的位置。所以,貌似消极的零利润定理,实际上有着鼓励创新的非常积极的意义。

经济学不讨好

对于现代经济学略有所知的读者,都知道历史上经济学曾经被称为是"沉闷的科学"(a dismal science)。但是自从马歇尔和萨缪尔森以来,经济学已经很有吸引力。因应这种变化,正是赫舒拉法,对 Economics has been called the "dismal science",给出了新的解释。他说(第 4 页):

> 经济学曾经被称为"忧郁的科学"。这大概是因为经济学家常常带来坏消息。例如,一旦把所有后果都考虑进来,某项表面看起来颇具吸引力的项目或计划可能就并非如此美妙了。

所以,经济学不是一门讨好的学科。这是现代经济学的品格。赫舒拉法进一步指出(第 5 页),经济学是一门科学。……更具体地说,经济学是一门社会科学。

人们经常用"五位经济学家会有七种不同的意见"这样的讽刺，来否认现代经济学的科学性。对此，赫舒拉法首先指出（第5页），"人们很容易夸大经济学家之间的分歧，因为争论可以成为新闻，意见一致却罕有报道。""正确的经济分析并不一定比在心理上富有感染力的错误主张更有市场吸引力"（第7页）。他还深刻地指出（第5页），"科学的特征并非普遍赞同，而是愿意用事实来验证理论。"

随后，赫舒拉法给大家讲了这么一个例子（第6页）：生态学家奥克利一再发出"我们已经输掉了养活所有人的战争"这样耸人听闻的论断，还预言"很多重要矿藏的供给将在1985年濒临枯竭"。经济学家西蒙出来和他打赌，请他在五种重要金属中挑选商品，打赌十年后价格是上升还是下降。结果，奥克利挑选的他认为价格一定大幅度上升的金属，十年来的价格一直下降。奥克利只好乖乖认输，写了一张几百美元的支票给西蒙。那段时间，他们已经成为打赌的对子，每次，奥克利都输给了西蒙。

颇为讽刺的是，虽然一再被证明预测错误，奥克利那些夸大其词的著作，却总是卖得很好，而西蒙教授那些被后来的发展证明是真知灼见的论述，却很少有人表示兴趣。

信哉！"正确的经济分析并不一定比在心理上富有感染力的错误主张更有市场吸引力。"（第7页）

吴敬琏教授最近感叹："有时候预见和前瞻性的文献，发表早了，并不一定能起到我们期待的作用，这真是遗憾的事情。"(《比较》2009年第一卷,第10页)也许这里还可以补充一点:不知道为什么,真知灼见往往缺乏心理感染力。

认为经济模型脱离实际,也是怀疑现代经济学的一种典型批评。赫舒拉法教授正确地指出(第27页),"经济学就如所有科学一样,使用的只能是不完全地刻画现实的模型。反映现实的模型就有如城市的地图,再好的街道地图也不能完整地描绘现实的城市,但它足以告诉你如何到达你想去的地方。因此,人们不该问模型是否丝毫不差地反映了现实,而应该问它们是否有用。"

只要有用,只要能够揭示道理或者预言发展,就是有价值的经济学模型,而不是苛求它未能"丝毫不差地反映了现实"。

小小激将法

21世纪以来,神州大地出现了一股"张五常热",这没有什么奇怪。首先,张五常先生功力深厚。他的"佃农理论",是非常深刻的研究,此其一;科斯这样的经济学大师,奉他为罕有的知音,此其二。还可以有三,有四。其次,他思维敏捷,才华横溢,往往片言只语就让人感觉他已经切中问题的要害,不由得读者和听众不佩服,因为他们经常面对的是保守的和木讷的先生和官员。

张五常先生正确地指出,经济学不是数学游戏,而是要解释世界的现象。但是他对经济学使用数学方法的直言不讳的反感和贬斥,给年青学子以无须学习必要的数学方法也能成为现代经济学者的错觉,这就很不妥当了。他还一度全盘否定博弈论,说"看不到这理论对解释现象有什么用处"。

不久,张五常先生开始写作中文的《经济解释》,声称这本书会把斯密、马歇尔和费雪"全盖过"。对于如此宗旨的《经济解释》,我自然读得非常认真,不过也读得好辛苦。于是我在一篇文章里抱怨说,我觉得以商品的界说等一些概念为例,五常先生的老师赫舒拉法的《价格理论及其应用》,写得比五常先生自己的《经济解释》要好得多。另外我指出,赫舒拉法一直做博弈论的研究,并且很大程度上因为这些研究,获得美国经济学会杰出成就奖。在《价格理论及其应用》的前言中,赫舒拉法就明白写着:"博弈论在处理诸如寡头垄断、共用品以及合作与冲突的题材方面特别有用。"

毕竟是性情中人。平素给人张狂印象的张五常先生,对于他的恩师,还是非常恭敬的。他找来恩师的这个课本,组织李俊慧和周燕翻译,并且深情写了《受教的经历——为老师的课本序》,交机械工业出版社出版。两位译者在求学的时候,都选过我的课,我知道她们是基础很好做事认真的学者。翻译出版的整个工程,历时至少三年,可谓精工慢活,翻阅之下,觉得质量很好。恩师的这个课本,想必勾起五常先生动情的回忆,他在《为老师的课本序》中写道:"(这个课本)1976年初版之前,赫师寄文稿给我,让我提供意见。我一看就知道自己不可能赚教科书的钱,需要的苦心经营吓倒了我。"非常谦恭。

现在这个课本翻译出版,五常先生为中国学子做了一件功德无量的好事。

目前国内流行的另外一本微观经济学课本，是范里安的《中级微观经济学——现代观点》。范里安课本的好处是概念体系清楚，讲究剪裁，知识点分布比较均匀，每章的分量相仿，便于老师教学。缺点是启发性的习题比较少，还有个别顽固坚持的错误。赫舒拉法这个课本最大的好处，则是提供思想，别的著作在这方面可以说真是望尘莫及。前面我引的一些例子，不在于具体的方法或者技巧，甚至也不在于具体的概念，内心珍贵的是经济学思想和理念的浸润。所谓润物细无声。另外，赫舒拉法的思考讨论题，匠心独运，留给读者很大的思考空间。我自己不仅当年受益匪浅，后来也一再有新的体会。

这个译本也有一些美中不足的地方。首先是索引没有了，据说是因为翻译者和出版者之间沟通不够。索引，是学术出版现代化的标志。当今世界规范的社会科学论著，都有一个主要名词索引，按照版本语言字母顺序，列举每一个主要名词最初出现和定义的书页。主要名词一旦定义，就一直按照这个意思理解，避免概念的游移，保证逻辑的严密。国外的社会科学著作，从德布鲁的《价值理论》这样数学推理式的专著，到托夫勒的《第三次浪潮》那样语言叙述式的名篇，都有必不可少的索引部分。希望现在这个中译本在重印或者再版的时候，能够把索引补上。

另外就是一些主要名词首次出现的时候，没有紧附英文原文。还有，个别术语的翻译，或可斟酌。

总之,赫舒拉法《价格理论及其应用》中译本的面世,算得上我国经济学学术出版的一件大事,对于学生和读者学习中级水平的微观经济学,一定会有很大的帮助。

差不多就在21世纪之初,有人说"价格理论失传了"。我不这么看。价格理论从来没有失传,也不会失传。如果一定要说失去什么,那么,式微的只是对于价格理论的一些本不相干的传说。

(赫舒拉法等著,李俊慧、周燕译,《价格理论及其应用》,机械工业出版社,2009,北京)

想起了"无缘无故的爱"[1]

保罗·克鲁格曼（Paul Krugman）现在是美国普林斯顿大学经济学和国际关系教授。1991年，年轻的克鲁格曼获得美国经济学会克拉克奖，一时名声大噪。至少我们知道，美国经济学家获得克拉克奖的机会，要比获得诺贝尔奖的机会小。随后，他在刘遵义教授等学者关于东亚奇迹没有包含多少技术进步的经济计量研究的基础上，准确预言了亚洲金融危机，虽然曾经惹得马哈蒂尔十分恼火，却实在是功力的体现。克鲁格曼的另外一个特点，就是把地理因素融合到经济学研究中去，还有历史因素。地域经济方面，他对日本特别关心。大约十年前，他的著作《萧条经济学的回归》，也很是风行一时。

近读保罗·克鲁格曼教授的新著《一个自由主义者的良知》[2]（以下简称《良知》），除了著作的主题以外，关于经济基础与上层建筑之间的关系的一些片段回忆和思考，也悠然浮上心头。

---

[1] 摘自2008年8月15日在广东省委党校的讲座。
[2] 保罗·克鲁格曼著《美国怎么了？——一个自由主义者的良知》，中信出版社，2008年9月。

往日的好时光

在克鲁格曼看来,美国历史上最好的时期,是第二次世界大战以后三十年的时间,那时候贫富差距比较小,几乎所有美国人都享受经济增长和社会进步的成果,包括两党的关系在内,整个社会比较和谐。可惜在又一个三十年以后,美国的贫富差距又变得很大,绝大多数居民对于现状表示不满,两党的对立也比较严重。

按照克鲁格曼的观点,第二次世界大战以后美国比较和谐的"中产阶级社会",不是市场经济的自然产物,而在很大程度上是罗斯福新政的结果。这其中除了扩大就业,提高居民收入以外,还包括强调对富人征税以支持社会保障和医疗服务,包括工会的力量得到加强,这样从两头来"压缩"贫富差距。但是自从里根时代以来,共和党明显右转,为富人减税,例如所得税的最高税率就下降了一大半,遗产税也在下降甚至叫嚷干脆取消,还有就是削减和侵蚀社会福利,打击和瓦解工会。右转的结果,使得随后的技术进步和经济增长只让极少数人受惠,而大多数美国人却被远远地抛在后面,结果贫富差距急遽扩大。在这个过程里面,共和党以金钱和"黑手党那样的忠诚"维系的院外活动的成功,是非常重要的因素。克鲁格曼还尖锐地指出,以当今的共和党为代表的这种"保守主义",源自骨子里面的白人种族主义,虽然他们有本事从来不那么说。

政治经济孰因孰果

面对贫富差距急遽扩大这个不容争辩的事实,经济学家必须给出说明。可是克鲁格曼指出,美国经济学家饱受"无形之手"如何重要如何了得的说法之熏陶,总是从技术和经济方面寻找原因。例如说电脑技术的发展,使得蓝领工作的重要性下降,使薪酬对于学历变得非常敏感。还有一种观点认为,在市场力量的驱动下,不平等状况会发生自然的周期变化,而现在只是走到比较不公平的一个时段。根据这种理论,在发展的初级阶段,有钱人的投资机会倍增,而廉价的乡村劳动力涌入城市,将工资压低,结果贫富差距拉大;但随后资本变得比较充裕,劳工变得稀缺,工资开始上升,从而贫富差距缩小,出现普遍的繁荣,社会实现中产阶级化。

上述周期论用于描述从初级阶段到中产阶级化的过程,如果还算差强人意,那么拿来说明美国现在的贫富差距反而扩大,却实在没有说服力。至少,包括技术进步论和周期论在内,都没有办法说明,为什么在其他所有发达国家,贫富差距都没有在美国那么大。

克鲁格曼强调,当初是"罗斯福新政"开始的制度和规范,造就了富裕的和比较和谐的美国。制度方面,包括比较高的税率和讲究覆盖的社会福利,还有工会的适当地位。规范方面,例如"老板与员工的收入差距太大将不利于士气"的社会共识。其他发达国家恰恰都在这些方面做得比美国好。说到底，现在是制度与规范的逆转而非晦涩的"技能偏向型技术变化"，拉大了美国的贫富差距。在20世纪70年代，美国大公司主管的平均收入，是整个美国经济中普通全职工人平均工资的40倍，而进入21世纪，这个数字变成367倍，扩大了将近九倍。

贫富不均和政治两极化之间，孰因孰果？经济学家一般认为是经济决定政治，但是克鲁格曼说，他"已经愈来愈确信，因果关系是相反的：体现为两极分化加剧的政治变化，才一直是不平等加剧的主要原因"。所以，他认为决定收入分配的关键因素应该是制度和规范这些社会力量，而不是市场机制这只"无形之手"。

"无缘无故的爱"

克鲁格曼批评美国经济学家饱受"无形之手"理念之熏陶，这个容易理解。但是具体到政治经济孰因孰果的问题，我国学人更加需要觉悟的是，我们曾经长期受到"经济基础决定上层建筑"的信条的熏陶。我也是经历了一些思想碰撞，才慢慢有这个感悟。

记得1994年春天在白宫办公厅回访时为美国总统经济顾问的斯蒂格利茨教授，他的一句仿佛题外的话，曾经给我带来不小的冲击。他说，"你们的经济学认为经济状况决定意识形态，我们却不是这样看"。也许他比较了解过去我们这里的政治经济学，了解唯物主义长期是我们的指导思想，但是我心里有点不服气的是，他应该知道,面向世界的中国学者,已经很少会受"经济基础决定上层建筑"这样的理论束缚了。

可是在 2002 年,我读到杨小凯教授的文章《我的见证》,讲他信主的过程。也许因为我和杨小凯教授一样,是一个深受理性主义影响的人,所以他的这篇文章我读起来感觉非常亲切,并且从中得到许多很有意义的启发。

文章的一个细节是,杨小凯教授说起教友对他们的那种"找不出一点利害计算"的关爱,让他"第一次感到世界上有无缘无故的爱"。读到这里我觉得有点奇怪,为什么小凯把教友的关爱说成是"无缘无故的爱"。在我看来,这是有缘有故的呀,出自他们的爱心啊。后来,我才悟到,我国学者头脑里多半已经不自觉的经济决定意识的理念,更多地不是因为修过宣讲"存在决定意识"的唯物主义哲学或者强调"经济基础决定上层建筑"的政治经济学,而是源自一句话:"世上绝没有无缘无故的爱,也没有无缘无故的恨。"

我想,小凯的意思,是说世界上有纯粹出于爱心的爱,找不出一点利害计算。但是按照上面那句话,这种纯粹出于爱心的爱,却是"无缘无故的爱"。

"经济基础决定上层建筑"

不清楚斯蒂格利茨教授是否知道"无缘无故的爱"的说法,但是他比较正面提出的,是经济状况决定意识形态的理念。对此倒应该承认,所谓"经济基础决定上层建筑"的断言,我们多半都可以随口而出,虽然我们未必就相信它。所以,对于克鲁格曼的《良知》,我们也算是饱受"经济基础决定上层建筑"熏陶的读者。

按照夏征农主编的1999年版的《辞海》(上海辞书出版社,2002年第4次印刷),"经济基础指同生产力的一定发展阶段相适应的生产关系的总和。上层建筑是建立在经济基础上的社会意识形态以及与之相适应的政治、法律等制度。""经济基础决定上层建筑,上层建筑反映经济基础。""但上层建筑又具有相对独立性,并反作用于经济基础,在一定条件下,甚至起着主要的决定的作用,推动或阻碍生产力的发展。"考研辅导材料上,则会更进一步明确:"经济基础是第一性的","上层建筑是第二性的"。

"无形之手"与社会分配

对于饱受"经济基础决定上层建筑"熏陶的中国读者,克鲁格曼给我们展示了政治如何影响社会经济的"美国案例"。究竟是经济影响政治,还是政治影响经济?至少在社会分配这个问题上,克鲁格曼认为"因果关系"应该是相反的。

我并不完全认同克鲁格曼的看法。首先是这些年美国的经济增长是否只惠及"极少数人"。我的一些在美国工作的学生,就觉得最近十几年收入提高得很快,但是他们似乎不属于那"极少数人"。还有就是欧洲那些福利国家的情况是否就那么好。事实上他们有他们的难处。例如《良知》几处把法国作为和美国的对比,可是法国的日子并不好过，去年还出现了负增长。不过，至少对于我们这些"旁观者"来说，这两点并不那么直接，因为不管怎么说，那是人家的事情。我倒是觉得，社会分配不能完全交给市场机制这只"无形之手"，应该成为大家的共识。

当前，我国面临贫富差距扩大的严重问题。所以克鲁格曼的分析，应该能够给予我们许多有益的启示。相当时间以来，"小政府"都是非常吸引人的说法，但是究竟应该"小"在哪里，必须有一个清醒的科学的认识。"市场是个近视眼，趋利避害见能耐。"为了建设共同富裕的和谐社会，政府不能不管社会财富的再分配，不能不管教育平等和社会保障。致力教育平等方面，最近开始有一些动作，社会保障特别是医疗服务方面，看来却还是举步维艰。至于社会再分配方面，还没有看到什么具体措施。

对于市场能够做好的事情，政府越"小"越好，不要建关设卡，扭曲资源的社会配置。市场无能为力的地方，政府却责无旁贷。所谓市场难以做好的事情，除了国防和外交，我看主要就是教育公平和包括医疗服务在内的社会保障。这是政府不可推卸的责任。另外，安居问题也应该给予高度关注。现在在我国，不但一部分人已经富裕起来了，而且国家的经济实力也已经提高了许多。我们完全有条件做出这样的转变，以期实现期许的共同富裕。

所以，我们要注意克鲁格曼写作《良知》的社会环境。就干预市场机制的运作而言，美国政府已经很"小"，我们的政府却还是很"大"。就社会福利的覆盖而言，美国政府已经比我们"大"

很多。所以，我们不能因为克鲁格曼批评过"小政府"理念，就浪漫到还要我们的政府在各方面都变得更"大"。

如果按照克鲁格曼所说，极端的不平等与严峻利益冲突应该"不过是初级工业化国家特有的不成熟的短暂阶段"，那么我们由衷地希望，我们的政治，我们的政策，在尊重市场配置社会资源的基础性作用的前提下，能够引导中国走上共同富裕的和谐文明的道路。从现在就开始。

没有证明不了的命题吗？[1]

拜读姚洋教授的文章《经济学的科学主义谬误》(《读书》，2006年第12期。以下简称《科学主义》)，受益良多。"经济学考察小尺度的历史，而历史学考察大尺度的历史"，这样的视角，虽然似乎在什么地方看到过，而且可能还正是出自姚洋教授，现在再读，却依然令人敬佩不已。

记得在三年多以前，杨小凯教授发表对于理性主义崇拜的反思，文章非常深刻，引起笔者许多共鸣。现在姚洋教授又补充了新的资料，提供了新的分析，相当吸引。不过姚洋教授这篇文章的引子，却有些叫人不得要领。

《科学主义》开篇，作者回忆自己读博士的时候，向一位学数学的同学请教如何证明正在写的论文中的一个命题，这位同学回答说："没有证明不了的命题，问题是你需要什么样的假设。"这个回答让《科学主义》的作者"茅塞顿开"。

---

[1] 2007年3月20日对中山大学岭南学院研究生的讲话。

"没有证明不了的命题"之如《经济学的科学主义谬误》,仿若"你别无选择"之如刘索拉笔下的音乐学院作曲系故事。那么,我们应该怎样对待"没有证明不了的命题"这样一个断语、这样一个命题呢?

面对这个断语,我们不妨首先从语法上尝试构建一个命题看看,最好看起来多少跟经济学有点关系。"凡女人必比男人有钱",就可以是这样构建出来的一个命题,这个命题也可以拆成"如果慧芳是女人而大海是男人,那么慧芳比大海有钱"。

问题是,这样的命题可以证明吗?

但是按照"没有证明不了的命题,问题是你需要什么样的假设"这样的说法,似乎可以把"凡女人必比男人有钱"的命题,补充详释为"凡富裕的女人必比穷困的男人有钱",这里是把一种"你需要的假设"摆上去了。于是我们面临一个新的问题:"凡女人必比男人有钱"的命题,与"凡富裕的女人必比穷困的男人有钱"的命题,是否可以认为是同一个命题。

记得笔者读初中的时候,平面几何课本上说,一个"命题"包括"假设"与"终结"两个部分。比方说"三角形三条中线交于同一点"这个命题,包括"AB、CD 和 EF 是同一个三角形的三条中线"这个"假设"部分,和"AB、CD 和 EF 通过同一个点"这样一个"终结"部分。课本上的作业范式,相当于

假设:AB、CD 和 EF 是三角形 ACE 的三条中线

终结：AB、CD 和 EF 通过同一个点

证明：……

这里还有个故事：恰巧在我们学上述平面几何的时候，发生着一场静悄悄的教改，其中认为，"假设——终结"的说法太学究，不容易被同学接受，所以老师奉命把"假设——终结——证明"的三段式阿基米德逻辑，改称"已知——求证——证明"。新的范式，要下里巴人得多。但是比起后来的教育革命，这么点教改真是微不足道。

不管怎么说，一个命题，不能只是它的"终结"部分即结论部分吧？把命题原来没有的假设增加或者补充上去以后，恐怕就不再是原来的命题了。

自然，这是阿基米德逻辑的要求。

现在，姚洋教授的文章让读者面临"凡女人必比男人有钱"的命题是否需要证明的困境和是否能够证明的困境，让读者面临"凡女人必比男人有钱"的命题与"凡富裕的女人必比穷困的男人有钱"的命题是否同一个的命题的困境。

位于美国普林斯顿的高等研究院，是一个非常成功的独立的学术机构，爱因斯坦和冯·诺依曼的后半生都在那里度过。这个学术机构资助的学科很少，仿佛只数学、理论物理、历史学、经济学那么六七个领域，好在经济学和历史学都在其中。去年正值

爱因斯坦逝世五十周年纪念活动，我也写了一篇文章，缅怀普林斯顿，那是我在国外居留时间最长的地方。

高等研究院的院徽，突出"真"和"美"两个字。中国人习惯一开口就是说"真善美"，高等研究院标榜的箴言，却恰恰少了一个"善"字。实际上，有时候我们真的该给"善"字打一个问号。只有真的，才是美的。

姚洋教授的《科学主义》在最后点出了美的追求。但是，学者们对于美有非常不一样的期盼。认为经济学正发展为科学的人多半觉得，命题和理论之"真"，应该是"美"的前提，而认为经济学"是历史学之一种"的学者可能会觉得，美体现在形式的艺术表现。

林毅夫教授崇尚经济学是"经世济民之学"（《论经济学方法》第5页），《科学主义》一文说明姚洋教授对于这种看法不以为然。在这个具体问题上，笔者和姚洋教授都表达与毅夫不同的意见。接着下去，姚洋教授钟情于"产生思想"，因为"思想改变世界"，笔者则珍惜发现的乐趣和心得之喜悦，所谓自得其乐。

看了刘索拉的音乐学院作曲系故事，我们体味"你别无选择"的意境，可是读了姚洋教授的《科学主义》，我们不知道怎么证明或者确认"没有证明不了的命题"这个命题。也许，这恰好证明了我们中"科学主义"的谬毒太深？

品评林毅夫的《论经济学方法》[1]

北京大学出版社《与林（毅夫）老师对话》系列开始出版，策划者和毅夫都邀我参与推广对话。这却让我踌躇了好一阵。

踌躇何来？

请看对话之首篇林毅夫著《论经济学方法》（以下简称《方法》）的第84页。毅夫写道："我把经济学家分为三个层次：第一层次是'经济学教授'，第二层次是'经济学家'，第三层次是'经济学大师'。"我同意毅夫的这个划分。

方法论真是太重要了。"拳练千遍，其理自现"，是一种境界，可惜在这个急匆匆的年代，难免未能与时俱进之嫌。这样一来，论述经济学方法的著作面世，应该是学子的福音。但是在我看来，只有称得上经济学大师的学者，才有资格布道"经济学方法论"。毅夫已经是非常优秀的经济学家，但是距离经

---

[1] 2005年7月9日，北京大学出版社在北京大学中国经济研究中心红楼召开"经济学对话系列出版座谈会"，这是作者在座谈会上的讲话。

济学大师，恐怕还有相当距离。那么，怎样才能把事情做得比较好一点呢？

紧接着上引那句话，毅夫写道："一位好的经济学教授必须对现有的理论、文献非常熟悉，能作很好的归纳、总结，并能够很好地讲解……"我也非常同意。笔者一直认识到自己是一位大体称职的经济学教师，力所能及地致力于经济学教育现代化的工作，但是还算不上一位好的经济学教授，主要就是痛感自己对于现有的理论和文献还远非熟悉。虽然知道和掌握的东西不多，笔者却努力把自己知道和掌握的东西告诉学生，和他们切磋探讨。这就出来问题：一个好的经济学教授都谈不上的人，怎么可以参与方法论的对话呢？所以迟疑不前。

踌躇之际，却忽发奇想：一位接近大师但还不是大师的学者，在一位比较迟钝但是认真的经济学教师面前，论述经济学方法论，这个模式，却未尝不可一试。有道是相反相成。如果毅夫能够向一位比较迟钝但是比较认真的学人讲清楚他的方法论，对莘莘学子一定很有好处。其实，毅夫非常清醒，所以他不写《经济学方法论》，而写《论经济学方法》。

相反相成，未免一面热一些，一面比较冷。毅夫肩负社会责任，崇尚经济学是"经世济民之学"（《方法》第 5 页）。笔者研习经济学，珍惜发现的乐趣和心得之喜悦，所谓自得其乐。不过，冷中有热，毅夫一再呼唤世界级经济学大师在中国辈出的时代，笔者也在十多年前展望"我国现正上学的一代学子"，将会对经济科学的基本理论作出世界推崇的贡献;另一方面,热中有冷,记得 2001 年首届中国经济学年会期间一些老先生慷慨激昂说中国经济转型和经济发展搞得那么好没有道理不给我们经济学诺贝尔奖,我们都认为那只能是寄望于未来的事情。

毅夫认为,不会有"放诸四海而皆准"的理论(《方法》总序第 6 页)。笔者以为这个看法可以斟酌。这里值得注意的是,更多的人,而不是毅夫,他们强调不会有放诸四海而皆准的理论的真实思想,并不在乎一些理论是否真的放诸四海而皆准,而在于渲染"中国特色"的经济学理论。在这个问题上,笔者一直坚持的意见是:经济科学的基本理论,属于全人类。在基本理论的层次上,不会有什么中国特色的经济学。这也是我们展望一代学子将会对经济科学的基本理论作出世界推崇的贡献的寄托所在,并不囿于中国特色。

捧读《方法》,笔者私下忖度,以毅夫的学养和造诣,会不会在文字上混淆"理论"和"结论",甚至混淆"理论"和"模型"呢?例如总序第 2 页写道:"芝加哥大学被称为当代经济学的圣殿,……但是用在芝加哥大学课堂里学到的理论来解释许多在我国改革和发展过程中出现的问题时却经常显得苍白无力。"如果这里的"理论"改写为"结论"或者"模型",那么这句话的认同性可能就好一些。总序第 4 页说"经济问题总是可以通过构建合适的经济理论来解释",正文第 29 页写"理论必须相对简单,而且,在能达到同样功能的理论中是越简单越好"。在我看来,这几个"理论"

也是改用"模型"为好。忖度之下,笔者甚至设想,如果把《方法》中频繁出现的关键词"理论",50%改为"模型",40%改为"结论",可能比较贴切。

问题马上就来了:所谓"贴切",究竟是谁的"贴切"。现在,笔者妄想这样才比较贴切,更大的可能是毅夫觉得那样子才比较贴切于他的思想。搞清楚究竟是关键词"理论"比较贴切于毅夫的思想,还是关键词"结论"和"模型"比较贴切于毅夫的思想,可能是通过阅读《方法》来了解毅夫的思想的一个很好的角度。

我赞赏《方法》的许多观点,例如对于经济学关于人是理性的假设的认同(如见第9页),对于经济学是关于人的选择的科学的认同(第28页),关于现代经济学是在放弃一些不合实际的、暗含的基本假设而不断发展起来的概括(第169页)。引述佛经,告诫不要把帮助观月的指月之手当作月亮本身(第36页),也非常深刻。

另外一些观点,则希望有机会商榷。例如关于"人类社会可以描述的感情是有限的"这样的论断(第13页),虽然这个论断看来与经济学没有直接的关系;又比如关于理论模型只能告诉我们因果变动是正还是负而不能告诉我们大小和快慢的说法(第53页),特别是如果我们知道一点计量经济学的话。总序首页说芝加哥大学经济学系在培养学生上有两个不太为外人熟知的传统,一是重视实证,二是要求外国学生将本国的经济问题作为博士论文的选题。是不是可以这样概括,恐怕还可以商量。

具体的经济学创造方面,笔者推崇毅夫、蔡昉、李周他们关于比较优势和赶超战略的论述,曾为长篇(《开放时代》1998年第1期),略述心得,字面的题目是"比较优势与转型经济学——读《中国的奇迹:发展战略与经济改革》",内心的想法则是"比较优势在转型经济学"。至于"企业自生能力"的概念,到现在为止,看起来解释力仍然不踏实,技术上也不好把握。也许品评和切磋之下,笔者会有新的体会。

借此机会,关于经济学关键词 trade off,笔者向学界同仁提出将其翻译为"权衡取舍"的建议。trade off 是经济学非常重要的概念,我们甚至可以说,没有 trade off,就没有经济学。在近年来的经济学著述中,人们可以发现一个现象,就是北大背景的学者,多半把 trade off 翻译成"交替"或者"交替关系"。按照中文习惯,"交替"容易使人产生时间序列那样的联想,还有非此即彼的感觉,这都偏离 trade off 的原意。分配多少资源干这件事,分配多少干那件事,生产多少牛油,生产多少大炮,用"权衡取舍"应该比较接近 trade off 的原意。"人们面临权衡取舍",和"人们面临交替关系",味道很不一样。不知大家以为如何?

据说"交替"和"交替关系"的说法,最早出自北京大学经济学系一位老先生。虽然不在经济学系,笔者却也忝列北大门生之列,但是恭敬师长之余,仍然珍惜文字之信达。毅夫在《方法》

中用的是"替代"(第13页),比较"交替"进了一大步。我则感觉"权衡取舍"的说法更好,不知大家觉得怎样?

　　修建房子不易,评头品足轻巧。但是如果评头品足有助于把房子盖好,笔者亦不辞做做品评的工作。

附

2011年9月迎新讲话

各位同学:下午好!

很高兴看到那么多优秀的新同学来到我们岭南学院。所以,今天我也穿得特别漂亮。大家知道,这次高考,我们中山大学岭南学院所有六个专业在广东的录取分数线,都进入全省的前八名。另外,我们还有许多从外省考过来的同学。岭院的表现一直都很好,所以总是能够吸引这么多优秀的同学。

我是岭南学院现任师生当中年纪最大的长者,同学们则是我们学院师生当中年纪最小的新生。学院让我这个老教师在开学之前给全体新同学做一个学术讲座。考虑到你们刚刚进入大学,还没正式开始上课,我觉得学术方面可以以后再说。新生最想了解的,可能是大学的学习和生活,特别是它和中学有什么不同。我在大学教书那么多年,自然有一些体会,愿意在这里跟大家交流一下。想到什么说什么,并不是大学生活的全面讨论。

我们中山大学，至少是广东省最好的学校。首先，它有颇为辉煌的历史。孙中山先生逝世以后，民国政府把孙先生手创的广东大学，更名为中山大学，以资纪念。后来一度又把武汉大学、南京的东南大学、杭州的浙江大学和开封的河南大学，称为第二中山大学、第三中山大学、第四中山大学和第五中山大学。当时，国民政府对我们这所中山大学特别关照，据说教授的薪酬也比另外几所中山大学要高，所以能够把鲁迅啊郭沫若啊这些大师请到中山大学来。1952年，我国高等教育按照苏联培养专业人才的模式进行全面改造，时称院系调整。整体来说，那次院系调整让我国的高等教育大伤元气，但是就中山大学而言，却吸纳了同在广州的原岭南大学非常雄厚的资源。岭南大学原来是美国人在广州办起来的私立大学，在国民政府的时候就已经收归国人自办。岭南大学最后一任校长陈序经先生，在国民政府败退台湾之时，把一大批北方过来的大师级学者，吸纳到岭南大学来。国民政府败退的时候，国内的生活非常困难。但是岭南大学得到美国岭南基金会的支持，条件比别的大学好很多。[1]

---

[1] 在1952年的"院系调整"中，以国立中山大学和私立岭南大学的文科和理科为主，组建了新的中山大学，以国立中山大学和私立岭南大学的医科为主，组建了新的中山医科大学。20世纪50年代中期，全国共有56位一级教授，其中就有12位在中山大学和中山医科大学任教，可谓极一时之盛。20世纪末，中山大学和中山医科大学又奉命合并，成为现在的中山大学。据不完全统计，先后在这个"大中山大学"任教的，有鲁迅、郭沫若、冯友兰、傅斯年、赵元任、顾颉刚、周谷城、俞平伯、陈寅恪、岑仲勉、刘节、梁方仲、姜立夫、王亚南、陈序经、马采、容庚、商承祚、董每戡、詹安泰、王季思、王力、朱家骅、钟敬文、朱谦之、丁颖、蒲蛰龙等蜚声海内外的学者，医学方面则有柯麟、梁伯强、谢志光、陈心陶、陈耀真、秦光煜、林树模、周寿恺、钟世藩、毛文书、陈国祯、李绍珍等名家。

所以说，我们中山大学是一所很好的学校，而在中山大学里面，岭南学院自 1988 年在原经济学系和原计算机科学系的基础上成立以来[1]，一直引人注目，因为最优秀的学生选择岭南，因为岭南的国际化做得最好。学生苗子好，老师又敬业，那么这个学院就是非常有前途的学院。就说今年吧，我们本科毕业的同学，就业率是全校第二，非常好。另外，我们有六七十位同学，本科读完之后去国外深造，主要是去英美，特别是美国。单单去美国哥伦比亚大学这样一所常青藤学校深造的，我们就有六位同学。我没有全国的数据，但是估计这在全国也名列前茅了。这一切，都说明我们岭南的同学很优秀，岭南的教育很优秀。关于就业率第二，恐怕不能说就业率第一就一定比第二好。实际上岭南的同学就业的期望值是比较高的，太低的位置不一定去。

珠海的回忆

来到今天这个教室，我还有一种特别的回忆。我已经退休很多年了。早在我退休之前好几年，我已经不再给岭南本科同学上中级微观经济学这门课了，这主要是想给年轻老师压担子，他们都是我很好的学生。实际上他们也都上得很好。回想 2000 年我们学校珠海校区开办的时候，妻子对我说："珠海校区的同学很可爱，岭南的同学尤其可爱。不过他们也有点可怜，就是不大容易见到

---

[1] 原计算机科学系建制后来退出。

老师。"她让我早一点来这边给岭南的同学上课。本来，中级微观经济学这门课是在二年级上的，我就大胆向学院提出，是否把它放到一年级下学期来上，我过去给他们讲。我的建议得到学院的支持，从此这门课就放在一年级下学期上了。我提出建议的时候，课表已经排好了，很难改动，结果我们只好在星期六上午上课。星期六上午，就在现在这个教室，我给他们上了一学期的课。所以我对这个教室有很好的回忆。

一直到现在为止，我对珠海校区第一届的岭南同学，还是特别有感情。他们也学得很好，因为他们渴望有喜欢跟他们在一起的老教师来给他们上课。一个学期的教学结束之后，我让他们提意见，就是考试时在十个题目以外，另外出了一个不计分的选答题，欢迎同学对我的教学提出意见，哪怕只是讲一两句话也好。三百位同学里面，有一位同学说："老师，以后再也不要在星期六上课啦！"我欣赏这位同学的理解和配合。

他们也很会鼓舞老师。星期六上午连着上四节课，同学们是很辛苦的。我一般星期五中午就来到珠海校区，下午和同学一起游玩，经常是爬山，晚上答疑，讨论问题，然后星期六中午上完课吃完饭之后就回广州。有一次上完课了，我和几位同学在后山行走，所以拖到四点钟才走。上车以后，有一位女生走过来，在我旁边坐下，说："老师，我是你的学生。"我说："你到哪里去呀？"她说："我回家。"她家在肇庆。"难得回家，为什么不下课马上走呢？"其他人回家都是星期五下午或者晚上就走，而我们星期六上午上课,所以回家的时间已经不多。"哎呀,"她说,"看男生打篮球。"我问她打得怎么样,她说:"急死人了,恨不得自己上去。"

这个女生牛啊,马上就让我觉得她很了不起。她是女生,看男同学打球打得不好,就恨不得自己上去,你说牛不牛?原来,她体育非常好,是学校田径代表队的队员。可她不是那种体育尖子加多少分进来的。我不知道现在考生的分数怎样分布,当时我们岭南学院的入学分数从六百多分到八百多分,她是七百六十多分考进来的。她热情地跟我说:"老师,微观经济学学到现在,学出味道了。把你的那些题目做出来,很有成就感啊。"这位同学很会鼓励老师。老师遇到这样的同学,没办法不高兴。

下一个星期上课之前,我请一位同学叫这位同学早十五分钟在教室旁边的停车场等我。我跟她说,准备这次上课的时候讲几句话赞美她,问她好不好。她拼命摇头,说千万不要,我只好尊重她的意思。毕业以后,她在一个德国注册的跨国公司工作。离开学校以后的第三年,她告诉我他们公司的奥林匹克要在巴黎举行,她要去参加。原来她工作的那个公司,有自己公司的"奥林匹克"运动会,四年一次在不同的地方举行。她说:"老师,我拿到金牌回来送给你。"我说:"不能送给我,一定要送给你妈妈。"后来她拿了一块金牌一块银牌。她把领奖的照片发给我,告诉我说,因为是公司派她去巴黎比赛的,所以奖牌要放在公司的广州总部展览。这位同学真是非常出色,我喜欢这样的同学。

今天的活动开始之前,看着同学们陆陆续续走进来,我发现场面有点变化。也许这跟我以前的批评也有点关系。大概是在三年前,我们学院的学生社团搞类似的活动,他们有另外一种追求,就是非常讲究形式,讲究商业味道的排场。这种追求我就不大喜欢。那次他们请我来做一个讲座,我还没走到,就看到大课室外面站着两排"礼仪小姐"同学。这让我很不舒服。学生请老师来讲话,是一种很普通的交流。礼仪小姐这种东西,商业色彩很浓,官场也时兴,可是现在蔓延到学校来了。大学本来不应该是彩旗招展、锣鼓喧天的地方。世界上那些最好的大学,不会像我们中国现在的大学这样,有一点什么活动,就打出大横幅,欢迎什么什么人,突出他们的头衔,讲究迎来送往的排场,特别是欢迎政界商界要人。这样做,大学自己就降格了。所以当时我很不客气地说,以后不要再这样做了。后来,学工部的老师或者同学请我来讲点什么东西,我总是预先叮嘱他们千万不要安排礼仪小姐了。现在我看到了着实的进步,很高兴。

今天是不是还有另外一点幸运,那就是麦克风的效果比较好。其实这不是幸运,而是准备会场的同学,真的把注意力放在保证讲座的效果本身上来了。这就很好。以前一度讲究礼仪小姐这样庸俗的排场,可是另外一方面呢,麦克风的效果却可能不大好。还有,同学们很喜欢我来上课,可是不大会主动关心教室的设备状态怎么样。有时候我走进教室,会发现电脑不大好用,这样我就得打电话给值班室,把维护人员找来。其实只要有一个同学关心一下电脑是否正常,就可以帮助我避免上课以前为电脑状态的

"正常化"忙乱一番。你们电脑技术肯定比我好嘛。即使需要请值班室的人过来,也可以早几分钟从容做好。同学自觉帮老师把教学的设备状态准备好,就是对大家的贡献。这种事情需要大家关心。我们这个校区开办已经十二年了,有些设备已经有点陈旧,别的东西稍许陈旧一点还无所谓,可是麦克风效果不好,却是大事。另外,黑板可能不干净,也是要紧的事情。有些老师在上课的时候,会在黑板上贴东西。用普通胶水在黑板上粘贴东西,会弄得黑板很不干净。如果同学想为大家服务,那么想办法把黑板"治理"干净,就是实实在在为大家做事情。总之,不要在学校里面搞礼仪小姐那一套东西。

你打开电脑,看看它是不是运作正常,不过是一两分钟的事情。反过来,如果愿意花很大精力安排庸俗的礼仪小姐,电脑和投影如何却不在意,麦克风效果也不检查,我就弄不清楚究竟是怎么回事了。所以,这次过来呀,看到一点新气象。我是感到高兴的。

经济类院校阴盛阳衰

现在全国的经济学院系和经济学院校有一个情况,就是阴盛阳衰。不过我看今天这个会场,好像男同学并不少太多,可能有40%的样子。经济学院系之阴盛阳衰,在目前这个时期,有它的必然性。大家知道,自从改革开放以来,我们国家就一直强调以经济建设为中心。这是好事情。但是家长里面会有一些误会,就是觉得学经济的将来一定就可以生活得比较好。你们在中学的时候，对此也不是很了解。所以，中学生有点向往经济类的专业，也颇为自然。这其中，男生和女生又不一样。男生如果觉得自己功课好的，很多人就要学数理化生，学电子工程、计算机、生物技术，等等。女生呢，如果功课好，觉得自己数学比较好，领会能力比较强，她会往哪里去呢？愿意学经济类专业的就比较多，而志愿学习数理化生和电子工程、计算机、生物技术的就比较少一些。所以，经济学院系的女生会多一些。

我在岭南学院教书那么多年，发现学生的成绩有一个相对稳定的分布。以中级微观经济学为例，多数时候，一个年级里面，最好的一两个同学，是男生，成绩一百分或者接近一百分。然后接着，有二三十个女生很出色，都是九十多分。多年来的成绩分布，大体上是这样一个情况。

按照计划，你们是在珠海校区度过低年级两年时光的第十二届同学。岭南学院珠海校区头一届的同学，有一位你们很容易见到他，他现在就在我们中山大学的国际商学院教书，是欧瑞秋老师。你们刚刚来到岭南学院，可能还没有交上二年级的朋友。很快交上二年级朋友以后，你会知道他们最重要的一本参考书，就是欧瑞秋和我的《图解微观经济学》，在中国人民大学出版社出版。欧瑞秋同学在一年级下学期修我的中级微观经济学课程的时候，整理了很好的笔记，后来又不断补充新的体会。到他四年级的时候，这个笔记成书，就出版了。你们去看，这本书的装帧非常考究，出版社好像很少会安排这么豪华的封面。我跟他们说，太豪华了同学买不起。不过同学们有办法,因为复印很便宜,他们就复印。现在在一些经济学院系,不仅是本科生,许多研究生也基本上人手一册,其中不少是复印的。这本书对大家学习中级微观经济学很有帮助,我们感到非常高兴。

岭南的同学非常优秀,发展全面。个别同学,甚至会被同学们夸张地誉为"面试杀手",就是说如果一场面试,只有一个拟取名额的话,她一参加,别人就没有指望了。的确,我们岭南许多同学,一站出来,就让人觉得是一个人才。这是熏陶和修炼的结果。英文很好那是当然的了,演说的功夫也普遍不错。说到英语,好像一年级就有九成的同学通过四级考试。这些同学文体活动也非常好。前面讲到那位被同学誉为"面试杀手"的同学,后来读了研究生,被选为岭南学院研究生会的会长,想不到一度还是中山大学女子垒球队的队长。她长得并不高大,很可爱的一个女生,居然当上学校垒球队队长,很让我吃惊,以至于我特意去看她们的比赛。另外一位同学,广雅中学来的,功课很好,打排球也很好,总是给大家以鼓舞。这许多非常优秀的同学,给我们这些做老师的鼓励很大。

就整个高等教育来讲,如果让我讲一句展望性质的话,我会说那么多优秀的学生都报考经济类院系,并不是一种理想的分布。将来我们国家发展得比较成熟的时候,学生会向许多专业发展,不会那么多人集中到经济类专业来。不过,目前这些年的情况,就是许多学生向往经济类专业。这是考生的选择,是家长的选择。

我们作为经济类专业的老师,是这种现实选择的受益者,面对的是那么优秀的学生。

从上个世纪末开始,我国的大学拼命扩招,大学生的平均质量严重下降。以前,给一个省的第二、三、四位的大学做讲座,反应还不错。大学拼命扩招以后呢,许多省都变得只有一所大学,让你感到学生的素质比较好。我庆幸我是在中山大学工作,特别是在岭南学院工作。

自2001年春天开始,我连续三年完整地给珠海校区第一、二、三届的岭南同学上中级微观经济学课。从第四届开始,这门课再次交给年轻的老师主持,我也偶尔会过来给大家讲一点。毕竟,我年事已高,体力精力各方面没以前那么好,大家是理解的,而且我们岭南学院的老师,质量都非常高,教学都十分认真,他们年轻,跟你们沟通可能更有优势。

在珠海校区,正如我刚才讲过的,一个不好的地方就是不能经常见到老师,这是很不理想的。不过读完两年之后,你们回到广州,我们就可以经常见面了。但珠海校区也有好的地方,就是自然环境非常好。前面说过,当时我每次星期六上课都提前大半天来,星期五晚上是答疑,下午跟同学在校园散步,常常爬山。我们校园后面这么多山,应该去走走。当然这也不能勉强,有的同学喜欢爬山,有的同学喜欢别的活动,这要看个人兴趣,不可勉强。

后来,我不是到这里来完整地上课,而是大概每个月来这里做一次讲座。曾经，他们说每个班级都想轮流接待我，但我不需要接待。结果就变成每次和一个班的若干同学在校园散步游玩，一起去爬山。我要求除了散步爬山以外，还要联欢。比方说，我们体育馆后面的小山头，20分钟可以爬上去。歇一下，又20分钟可以爬上第二个山头，从那里可以看到下面一个很大的水库，风景很好，另一边看下去则是你们军训时的打靶场。在第一个小山头，松树的松针掉下来，像地毯一样铺开，坐在上面非常舒服。十几个同学和我在这里联欢，每一个人都要事先准备好节目。这是很开心的事情。

现在我不给大家上课了，也有好处，就是你们受到的压力可能不会那么大，因为我上课的时候，每门课程结束，通常会有六分之一左右的学生不及格。我每次考试以后都会给学生分析考题，说明考试设计是非常与人为善的，让大家口服心服。可是总有若干同学不把心思放在功课上，那我也绝不会给他们"送大包"。现在不是我主持课程了，不及格的比率大概会低于六分之一。

大学的学习和生活

大学的学习和中学的学习很不一样。首先，大学的教育不是课程表排满的教育。中学的学习，课程表基本上是排满的，什么时候干什么，规定得相当详细。大学的学习呢，连上午这样好的时间，都有时间是空着的，由学生自行安排。这就是要给大家消化功课的时间，给大家自主发展的空间。当然，这也考验你们学习的自觉性，养成自学的能力。所以，找到适合自己的学习方法，就特别要紧。你们的不同课程，甚至一门课程里面的不同部分，我想可以大致分成两类，一类是以理解为主，另外一类就是以记忆为主。讲到以记忆为主，可能有些同学马上就想到死记硬背，那就比较消极。比方说，语言这样的课程，一开始肯定要"死记硬背"，接触多了，外文原文的小说也看，原版的电影和电视剧也看，语言的能力就会提高，就会融会贯通。这个过程，不是"死记硬背"四个字那么简单，也有理解在里面。但开始的时候要背。

更多的课程讲究理解，特别是经济学，尤其是微观经济学。人的经济学直觉，十分依赖于他们的观察力和想象力。但是经济学命题的论证，主要却是采用数学论证的方式，要建立模型，要经得起严格推导，最后还要引申推论，看看蕴涵着怎样的政策含意。我在上中级微观经济学的时候，鼓励同学们跟上我的思路，努力做到当堂理解。这才是事半功倍的学习。

同学们对于自己认为重要的课程，一般都很认真，上课的时候会拼命记笔记。中级微观经济学这门课，我把它看成是同学们经济学学术训练的第一个台阶。但即使是对于这门课，我也不赞成你们上课拼命记笔记。事实上，课上要讲的东西，基本上参考书上都有。偶尔写几个字那样提纲式地记一下自己的体会可以，但是不要追求在课堂上就产生完整、漂亮的笔记，这会让你的思维跟不上，跟不上老师带领大家的思考。我上中级微观经济学，甚至建议同学们不要预习，因为最好的教学，是课堂上就解决问题的教学。中级微观经济学的精华，都在课本和参考书的插图上。不必预习，上课好好听，跟上老师的思路，下课以后再找时间检验自己学得好不好。怎么检验呢？主要是看看有关章节的插图是否看得懂。插图看懂了，有关的内容你就基本上懂了。直接看插图看不懂，那就读读插图下面的小字，即插图的说明文字。看了说明文字以后懂得插图的意思了，也就基本上可以了。如果插图的说明文字看了以后还是不懂，这时候才去研读插图前后的正文文字。

许多同学觉得我这个"秘诀"对于他们学好中级微观经济学很有帮助。至于别的课程是不是可以这样学习，我没有发言权。

当然，经济学里面也有一些规矩不是讲道理讲出来的，它就是这么规定，大家就这么用。比如物价，你们可能听说过什么同比增加多少、环比增加多少。什么叫作同比，为什么叫作同比，什么叫作环比，为什么叫作环比，知道这么叫就可以了，不必为叫法较真。经济学里面，也有一些课程是需要许多记忆的。但就我来说，我更加看重那些偏重理解、需要学会推导、学会证明的那些课。

关于学习方法，或者具体到怎么把一门课学好，我建议你们在正式上课到第五第六周以后，同学间做一些交流。在那个时候，至少大家都需要"停下来"自己努力体会一下大学的学习方法。

在大学，大家还要养成良好的生活习惯，建立必要的作息制度。现在大学生中间有一种倾向，觉得睡懒觉很时髦。有些同学觉得，中学的时候不能够睡懒觉，现在可以睡懒觉了，这是大学生的风格。这件事情不能完全怪同学，因为我们有些老师也喜欢睡懒觉，并且把睡懒觉的风格，渲染到同学那里去，以至于一些同学津津乐道。

我很欣赏半个世纪以前我们读大学的时候，作息制度严格，晚上十点钟教室和寝室全部熄灯，只剩下走廊和厕所比较微弱的灯光。那时候，个别同学也可能回来比较晚，他们会非常小心，蹑手蹑脚，生怕影响已经睡下的同学。我们学校珠海校区成立之初，校领导可能在一件事情上没有掌握得很好，就是在鼓励同学们个性发展的时候，没有兼顾集体生活的作息制度。鼓励同学的个性发展是对的，给同学更多的自由，这是一个大原则。但自由的边界，是不妨碍别人的自由。比方说一个房间住四个人，你说我要自由，玩电脑要玩到半夜两三点钟，那么，别的同学想十点钟有一个安静的环境睡觉的自由，就没有了。集体生活，静和吵这两样东西，吵是显性的，静是隐性的。我们三百人坐在这里，只要有一个人吵，就会影响大家。两百多人都非常安静，也经不起很少几个人发出噪声。我们总是要照顾别人的嘛。大家养成有规律的生活习惯，学习效率才会提高。

面对电脑，意志力不强的人是容易被消耗的。我仿佛记得是清华还是类似清华那样的一所名牌大学，规定一年级同学不许在宿舍使用电脑。我不赞成这样硬性规定，不过的确要尽可能做好引导工作，以便大家能够把持得住，保证一个有效率的生活环境和学习环境。如果忘我地在电脑上网游，时间会飞快消逝，未必对得起自己的人生。这个事情大家注意一下:有规律的生活,讲究学习的效率。

大学里面有许多社团工作。学生一定要把学习放在第一位,然后才是社团工作。我们很多同学很热心为大家服务,我们要感谢他们的服务。但是有这么一条,我建议学习比较差的同学,不要花那么多时间服务大家。在我看来,至少学习中等或中等以上,才好心安理得地酌情参加一些社团工作。学生还是应该把学习放在第一位。

这绝不是鼓励书呆子。例如说到大学生活,我还一直建议同学们在放假的时候,主要是寒暑假,特别是暑假,自由组合出去旅游。大学本科的这几年,寒暑假是同学们结伴去旅游的好时间。毕业以后,参加工作以后,就很难有这种大家容易齐聚的时间了。比如七八个同学,自愿组合,一起去那里走走,相互之间也有个照应。而且你们还在读书嘛,还没有自食其力嘛,安全就好,住宿条件呀,交通呀,可以不太讲究。我记得在2004年,我们学院十几位老师到云南去,昆明、大理、丽江、香格里拉这么走过去,在香格里拉的松赞林寺,突然看到几位上过我的课的学生,我高兴得不得了,一时忘乎所以,就和他们抱在一起。看到同学,总是很高兴的。如果你们家乡有什么山清水秀的地方,也告诉我,说不定我到你们家乡去看看。我们国家山清水秀的地方还真是不多了,现在不去的话,将来不知道会变成什么样子。

崇尚高贵

但我今天最想讲的一件事情,就是岭南的同学应该讲究一种风气,那就是崇尚高贵。岭南的同学,在中大是非常醒目的。岭南在就业市场上,也是个品牌。我刚才讲我们的许多同学,一站出去,别人就会觉得不一样,很有气质。这里面,功课当然重要,但也不是全部。不能像是死读书那种样子,而是站出来就显得有品格。这首先就得有一种崇尚高贵的追求。

说到崇尚高贵,人们就联想到贵族精神。过去的大半个世纪里面,教育和舆论都是批判贵族精神的,现在大家开始欣赏贵族精神了。在我看来,俄国的一些学者,他们就比较富于贵族精神。你看俄国,它共产主义搞了七十年。可就在那样的情况下,还是有一些学者,即使在经济学这样的领域,也能够拿到诺贝尔奖,或者做出一直被引用的奠基性的工作。当时的俄国不搞市场经济,但是他们基于超人的想象力和扎实的学术功底,坚持研究市场经济的理论,仍然取得卓越成就。你们在中级微观经济学里面要学斯拉茨基分解,这斯拉茨基(Eugen Slutsky)就是俄国人,他研究对商品的需求因价格的变化而产生的收入效应和替代效应的关系。你看,多么了不起。

三年前国际学界还有一件大事。数学的最高奖是菲尔兹奖。但是比起拿到菲尔兹的那些数学家来讲,还有一个最高的、数学界历史上唯一一次的特别菲尔兹奖,是颁发给俄国人佩雷尔曼

（Grigoriy Perelman）的。佩雷尔曼获奖，是因为他在证明庞加莱猜想的过程中做出了奠基性的贡献。可是他却没有出席颁奖盛会，还拒绝了美国斯坦福大学、普林斯顿高等研究院等著名学府的高薪聘请，宁可"在圣彼得堡附近的树林里采蘑菇"。我们知道，做出研究成果要整理出来发表论文，可是佩雷尔曼牛得不屑于详细整理学术论文，只是把他的思路写了几个 E-mail 发到网上去。别的一流的数学家看到他发的 E-mail，知道他把庞加莱猜想解决了，但还是要花很多时间，才把佩雷尔曼的思路完全看懂，详细整理出来。他还是个孝子，他母亲身体不好，住在"彼得堡附近的树林里"，所以他宁可"在圣彼得堡附近的树林里采蘑菇"。俄国是有很多这样的故事，这就是精神，这就是贵族精神。

在中山大学里面，岭南同学是有点特别的。我们要注意不招惹人家，不要让人家觉得不舒服，但是我们自己要有品位。这件事情要把握好。

崇尚高贵，大家看是否可以用八个字来概括，那就是：自尊，自强，博爱，宽容。自尊大家都知道，首先你不能够糟蹋自己，就是要做一个是模是样的人，行为举止各方面都经得起人家评头品足。自强，等下我会特别讲讲，提出所谓自强就是要"证明自己"。博爱，说的是要有爱心，开始的时候也可以粗略地理解为关心别人和帮助别人。但是，文明社会讲究人与人之间保持适当的距离。就拿关心别人帮助别人来说吧，除非已经是私交非常好的朋友，不然的话还是要注意掌握一个"不求不助"的原则，不要因为你太关心人家，弄得人家很烦，或者无意中伤害到人家的自尊心。你们可能都遇到过这样的情况。当然如果人家请你帮助，你能够帮助的，就要给予帮助。至于宽容，固然不要盛气凌人，不要张口就批评人家，而且要学会欣赏别人，善于发现别人的优点。有时候，你自己也就在一个方面比别人进步了一点点，你就看不起人家。这样不好。

贵族精神的修炼，是一个缓慢的过程。刚刚意识到这个问题的时候，可以从最简单的行为举止入手。比方说，吃饭、上车，都要排队。如果你看见别人不守规矩占便宜了，首先是要求自己超然一点、不要也变得不顾行为规范。这就是境界。说到行为举止，不是说穿名牌衣服，用高档化妆品。不是这种显摆的情况。衣服旧一些没有关系，但不应该老是皱巴巴的。一个非常朴素的人，也可以让你看出来，是一个境界比较高的人。

这个行为举止，老师很难给你啰唆许多，你要学会观察，从观察中向好的方面学习。现在这个教室十分安静，这就很好。其实，你们在听得高兴的时候骚动一下也是正常的，但是当大家都认真听的时候，就需要安静。大家都自觉不破坏这个安静，慢慢就养成安静的习惯了。如果在二十多年前，有那么多人坐在一起，恐怕咳嗽的声音就会此起彼伏。为什么现在基本上听不到咳嗽声了呢？原因有二，一是大家的健康状况比较好，二是大家的文明程度也提高了。我们的行为举止，至少要不让自己丢脸。

说到勤于观察善于学习，我就举两个例子吧。大约在你们刚刚进小学的时候，有一部美国电影在我国是比较流行的，叫作 *Sleepless In Seattle*，翻译为《西雅图不眠夜》，或者《缘分的天空》，讲一个家庭，妻子去世了，儿子着急为父亲找一个伴，并且我忘了怎么把这件事广播出去了，于是有一些女的就来试探。其中特别刻画了一个女的，与那个父亲已经走得很近。可是那好像不到十岁的儿子，却完全直觉地不喜欢那个女人。电影怎么刻画那位女士呢？她说起话来，总是一句话没讲完，就哈哈哈笑起来。这样的人你们见过没有？生活里面一定会有的，你注意观察就是了，一句话没讲完就大声哈哈哈笑起来。以前，有人会说这样的人爽朗、豪迈、大气，但是现在呢？我想，按照世界文明的方向，这样的行为举止已经不大上得了台面了。连我们外交部都有一个指引，希望大家在出境旅游的时候，注意不要在公共场合大声讲话。在公共场合游玩的时候不必要地大声讲话，现在恐怕只剩下一些中国人了。老一代一些人的生活习惯可能不容易改变，你们可还很年轻啊。

再讲一个很小的细节，就是有些人一坐下来没事，那个腿就会抖起来。这种习惯也是给人笑话的。前些年香港有一部电影，夸大地表演内地干部的行为举止，其中一种镜头，是他们一坐下来就要抖腿。这种细节，同学们可以相互提醒，但是主要靠自己的观察和悟性。你们看电影不要只看故事。如果你看电影觉得这个电影看下去很舒服，人物很欣赏，那么除了故事本身以外，想想还有什么别的因素让你觉得享受，这样来学习。为什么我们内地很多地方花很多钱，搞什么活动或者庆典，搞得大红大绿，吵吵嚷嚷，没能给人一种美好的感觉呢？总的来说就是缺乏文化的积淀，一副土老帽的样子。相反，人家一个小镇做一点小小的事情，比如说每年的收获节，几个人在弹琴，几个人在跳土风舞，你不觉得很愉悦吗？这些要你自己判断吸收。总之，行为举止、口味情趣这种东西，老师在课上没办法讲得很细，需要你们自己领悟。有追求和没有追求，大不一样。

到了高年级的时候，一些同学谈恋爱了。这也很正常。我是鼓励同学们男女交往的，不一定就是恋爱。有两年，我负责联络的七位低年级同学，全都是男同学。有几次搞活动，我都要求他们每人请一位女同学过来，和我们一起玩。男生不是向往绅士风度吗？个别地邀请女生参加一项活动，是你们尝试体验一点点绅士风度的好机会，而且因为出于老师的要求，你们会比较有底气。即使被拒绝，也可以推给老师，自己不会太丢面子。至于女生，有人邀请总是好事吧。你们可以学习做得大方一些，只要时间不冲突，邀请人还可以，就大方地接受邀请，反正原则上只是一次性的事情，应邀去和老师一起玩，名正言顺。你们听说过"美丽的眼睛会说话"吗？希望我们的女生，都是美丽的眼睛会说话的女生，希望我们的男生，懂得欣赏美丽的眼睛会说话的女生。

一个人有没有魅力，天生的成分有一些，更主要的还是看修炼。空有一个模样，不会有太大的魅力。

体格方面，当然也有关系。今天我就跟大家指出一点，就是关心和爱护口腔，而且同学之间可以互相帮助。前面我说过，如果不是非常深交的人，要保持适当距离。可是你们同窗几年，甚至住一个宿舍，很快就相当了解。这种情况下，你们可以做一件很小的事情，就是发现哪位同学口臭，要给他提出来，因为他自己可能不知道。口臭是一种毛病，是一种生理上的毛病。口腔不干净，很多腐败物，就臭。蛀牙就是腐败嘛。再一种呢，就是消化不好造成的口臭。要把它当病来治。口臭肯定会给你带来损失，迟早的事情。现在"同学少年"，面子问题不那么要紧，可以互相帮助提醒这个问题。总之，口臭是毛病，一定要把它治好。

还有一样，本来准备不讲了，因为刚刚知道一条负面的消息，想想还是要说一下。我一般是不欣赏整容的，但却鼓励有条件的同学整理一下牙齿，就是牙齿比较不整齐的话，请牙医把牙齿弄整齐。如果条件允许，这个投资是值得的。我记得前几年是几千块钱，今天微博上有人说，带孩子去整牙，做模子花了多少钱，下一次做什么要一万三。这样子做下来，可能要几万块钱，远远超出我原来的了解，弄得我犹豫是不是跟大家讲。自己看条件吧。牙齿这样东西跟别的不一样，它是一个人的门面。

证明自己

回到"贵族精神"，"自尊，自强，博爱，宽容"。现在特别讲一讲"自强"。我跟同学提出来，你们到了中山大学，到了岭南学院，应该以你们有效率的学习和模范的行为，来"证明自己"。什么叫"证明自己"呢？这么说吧，你们都是应试教育过来的学生。这不能怪你们，整个制度就是这样，只看分数，基本上只看分数。你们进入大学以后，会发展成怎么样呢，这就要你们"证明自己"了，证明自己不是题海战术的宠儿。

以前有些同学很高分考到我们这里来，说以为经济学是文科的，而自己在中学不喜欢数学，就选了经济学的专业，希望从此把数学甩掉。其实恰恰相反。经济学的学习，对数学要求很高。一般人想象物理学对数学的要求很高。实际上，物理学上用到的数学，可以是有点"不讲道理"的，因为物理学最后靠实验来判别理论的真理性。三十多年前李政道教授到中山大学演讲。他说：实验之前想解释某种现象，可以发表几百篇论文、上千篇论文，等到实验做出来了，原来结果是这样子的，于是只剩下一篇论文是对的，其他全都是错的。经济学不能做实验，许多理论都靠数学来检验，所以经济学用到的数学，必须"讲道理"，意思是经得起数学逻辑的检验。对于这一点，你们现在不容易领会，我也没办法详细展开，但是可以告诉你们，数学上一些很困难的问题，是经济学家帮忙解决的，你说厉害不厉害。因为经济学不能做实验，它提出的模型站不站得住，要看它的假设是否有道理，看它的数学推导是否可靠。大家有机会回中学母校，可以跟你们的学弟学妹们说，如果是怕数学的，最好不要投考岭南学院。

但是我们也不能排除一些同学不知道经济学对数学要求那么高，他已经考来了。因为他可以选择考那些可以发挥自己特长的科目，比如说那些对理解力要求不那么高的科目，得很高的分数。来了，我们非常欢迎，但是希望这些同学，能够在大学的学习当中，证明自己的能力，证明自己的理解力也毫不逊色。

从我们学校珠海校区头一届学生开始，我是很用心教岭南学院的同学的。但从第一次中段考之后，我就发现一个现象，保送生的平均成绩居然比全体同学的平均成绩低。这让我感到惊讶。保送生，应该是中学学得最好的人保送过来呀。等到学期过去课程结束，他们的成绩还是比较靠后。我前面说那二三十位90分以上的同学里头，好像只有一个保送生，其余保送生的成绩多在六七十分，还有几位不及格。这只能说是我们制度上出了漏洞了，也许某所中学因为某种原因就保送了能力欠缺的同学。

总之，不要以为你们到了这里，几年里面就一定是最优秀的。你们要证明自己。大家要有这样的意识。

我们中山大学的同学，岭南学院的同学，比起别的一些学校的学生，有时候的确会显得高贵一点。我可以讲一些例子。

大家知道有一位著名的华人经济学家叫作张五常。张五常在洛杉矶加州大学读博士，博士论文做得非常好，是深刻的经济学家。他是比较张狂的。有成就的人张狂，在中国特别有市场。为什么会这样？因为受众都是从小在一个很压抑的语境下长大的，老师和家长总是叫你们谦虚谨慎，总是要求你们保持低姿态，不希望你们张扬。你们平常听到的，多半也是四平八稳的讲话，不大有味道。现在难得来了个张扬的张五常，让大家眼前一亮，就把他奉作神明。

张五常是个人物，是个大人物，看看以后还能不能把他再请来。我们应该珍惜接触各种人物的机会。

那次他在我们岭南学院作演讲，会场气氛是非常热烈的。他说话非常潇洒。有同学问他，你觉得某某某（经济学家）怎么样？他回答说：某某某？他不是学经济学的吧。于是同学们就热烈鼓掌，因为某某某在他们心上已经是高得不得了的了，而面前的天才张五常根本看不上他。他还批评两位最著名的经济学家吸引中国学生研究计量经济学，因为他认为计量经济学不是经济学。的确，他的讲演总是把大家都抓住，现场有很好的呼应。这些都还在正常的范围里吧。

在我们中山大学演讲完了以后，他继续在全国巡回演讲。到了北京大学，北京大学林毅夫教授那个中国经济研究中心，刚刚落成了一座红楼，许多人拥进去要看张五常，把草地踩得不像样子。于是张五常教授在二楼出现，来回向欢呼的人群招手，香港报纸把照片登出来，说张五常在北大，就像毛主席在天安门接见红卫兵那样。后来他在西南财经大学演讲，高呼"我们要见张五常，我们要见张五常"的人群，差点把陪着张五常走出来的副校长挤倒。这种事情在我们岭南学院不会发生，因为岭南的学生比较高贵。你可以欣赏张五常，也可以向他欢呼，但是自己不会失态。建议大家记住一条，你可以欣赏一个人，但不要崇拜，不要失态。

再讲三两个例子。前些年在北京的一所著名大学，周星驰去那里与粉丝们见面，受到极其狂热的追捧。可是两年前，一个好像姓林的艺人,在我们学校广州校区的小礼堂,搞一个什么发布会。事后,同学们在网上提出质疑,普遍认为我们的小礼堂应该是学术的殿堂,不应该被人拿来给影视明星搞发布会。另外一个例子,是前几年闹得沸沸扬扬的"本科教学评估",别的学校遇上教育部组织的本科教学评估,全校横幅醒目,彩旗招展。而在我们中山大学,教育部评估专家在我们小礼堂开会的时候,我正游泳回来从小礼堂门口走过,看到除了一面国旗是红色的以外,满目只见葱绿。

这就是我们学校与别的一些学校不同的地方。总之,我们可以欣赏什么人喜欢什么人,但是自己不能失态。所以我说我们中大的同学比较高贵,我们岭南的同学比较高贵。这是有具体事实支持的,并非因为我是岭南的老师就瞎吹岭南。

这与南方的文化也有关系,南方的文化,有一些优点。2003年,你们在读小学吧,当时全国最大的事情,就是SARS。SARS袭来的时候,国家科技部部长在电视上说,他到国务院开会研究对付SARS,车子开在三环上,平时车水马龙经常堵车的三环,这时候只有他那一辆车。为此,他感到非常悲凉。当时,北京的高校全部停课,已经回家的学生不能回校,还没回家的同学不能回家,全部封锁。上海、杭州、温州也是这样。上海的弄堂老妈妈组织起来,每条弄堂都封锁住,买菜就写个条子,别人帮你去买,递进递出。整个社会生活就这么停下来许多。除了国防、外交,许多国家机关也都不办公了。可是在我们广州,当然也有不少变化,就是唱卡拉OK的人少了,到外面吃饭的人少了,但是马路上照样车水马龙,人们该干什么还是干什么。那段时间,我们中山大学的校园,一天也没有关闭过,原则上谁都可以进来,如常不检查证件。虽然广州是SARS的重灾区,但是我们不仅没有关闭校园,而且整个教学计划基本上原样执行。这是很了不起的。这就是我们这里的文化。广州也有很多不理想的地方,首先远没有北京那样的优惠条件,另外流动人口非常多,治安也不理想,这是需要认识的。但是,广州人民和广东人民比较务实,这是我们的文化优势,值得我们自豪。

曾经有人讽刺中山大学,说你们中山大学应该叫作"山中大学",意思是我们不像他们那样容易被轰起来。其实,不容易被轰起来,没什么不好。我们有我们的身份,我们有我们的境界。

学生还是要把学习放在第一位。大家知道中国现代教育的代表性人物,就是蔡元培先生。蔡先生当过民国政府的教育部长,长期出任北京大学校长。当学生出去游行,他是阻拦的。但是,当学生被北洋政府抓走,他去和政府交涉,要求把学生放出来。把学生保出来之后,他对学生说,学生救国,重在钻研学术。他不赞成学生轻易上街。当今这个时代,我想非常可敬的就是中国政法大学前校长江平教授。江平老先生是努力保护学生的。他也像蔡元培先生一样,学生要去游行,他到校门口劝学生回来。等到学生出了事了,他也努力想办法帮助学生。你看,真正爱护学生的人,像蔡元培先生、江平先生,强调学生爱国,学生救国,重心要放在学业上、放在专业上。等你们有本事了，那不是你一个人有本事、两个人有本事，而是我们这个国家有一大批这样的人，有理想有本事，并且都有开放的心态。这样，我们这个国家就有希望了。

无奈课程

最后，我想谈谈怎么对待"无奈课程"。

我们这个社会是在进步的，但社会的进步赶不上我们对它的要求，赶不上我们对它的希望。那怎么办呢？所以我这里提出两样事情。第一个，怎么对待无奈的课程；第二个，怎么样对待无奈的规章。

现在大学里面有一些课程，本来是没有价值的，不应该浪费国家的资源、浪费青年学子的宝贵时光和精力来学，可是这些课就是开了，而且你一定要通过，通不过就不能毕业，拿不到学位。这是些什么课程呢？相信你们心里都清楚。我具体写过一篇文章，建议这些课程退出大学所有专业的学生都必须通过的必修课系列。当然，我写了也不能改变现状，但我想将来是会这样做的。有些课程退出这个系列是迟早的事情，可惜你们还享受不到。所以我把它们叫作无奈课程，觉得这里有一个大家如何正确对待这些无奈课程的现实问题。我的意思，这么说吧，最好是不要发生对抗。你们怎样过得轻松，就怎么做，不要发生对抗。不要因为社会进步赶不上我们的期望，自己就恨死了或者就上街了。

还有一些事情，也不好叫作无奈课程，但是和无奈课程有点关系。比方说，有些课要点名。其实，除了体育这样的课程以外，高等教育不应该是课程需要点名的教育。在我看来，如果一门大学课程是需要点名才能维持的，那这门课就没有多大出息了。如果不需要点名，就更没有理由把学生宝贵的时间耗在听你点名上。

如果说点名是为了防止外人进来旁听，那么看看民国时期北京大学的课，清华大学的课，一些旁听生后来很有成就啊。记得有一门美学课，正式的学生就三四位，而且这三四位学生也没有坚持下来，后来只剩下一位旁听生在听，教授就对他一人讲。这位旁听生坚持下来了，后来成为美学大师。所以，我心目中的大学教育，是课堂开放的大学教育。大学课堂开放，是一个原则，也是"学术乃天下之公器"理念的一个体现。至于具体实施，则要注意不能影响到在册的学生，不能影响到你们这些在册的学生。假如一个班级还有空余的座位，那么应该欢迎旁听生。

我自己上课是从来不点名的。道理很简单，如果学生不听你的课也可以学好，那为什么还一定要他来听课呢？问题是有些老师上课点名，一个班点下来，差不多二十分钟过去了，简直是偷工减料的歪门邪道。类似上课点名这种事情，是否可以归纳为"无奈规章"？面对无奈规章，我同样劝你们灵活掌握，学会避免发生对抗。有些课规定缺席三次或者几次就不及格，你们就酌情把握好吧。

珠海校区还有"不许爬山"这样的说法，我也把它归入无奈规章，如果我说得不对，请学工部老师或者其他了解情况的老师同学纠正。我看到的几块"不许爬山"的牌子，落款不是学校，而是丹田物业。如果你走到校园后面去爬山，你可以看到以珠海市的名义树立的告诫牌子，写着"严禁携带火种上山"。这句话什么意思呢？那就是不要把火柴、打火机这些"火种"带上山，不要在山上玩火。这个告诫非常合理。并没有不许上山的意思。丹田物业是学校请来帮助我们打理校园的，应该不具备不许同学上山的资格。学校有没有规定不许同学上山我不是很清楚，因为一直听说学校方面不希望大家上山什么的，但是我没有看到过文字。如果学校真有这样的规定，那你们只好按照对待无奈规章的理念相机行事。

　　注意安全，这是必须的。传说山上有蛇，我没有遇到过。我倒是遇到过一次马蜂。那次下山想走另外一条路，结果走到一个大约两米高的断崖。时间来不及了，看到断崖下面是茂密的植物，我就带头跳了下去。当时我比现在小十岁。我想，植物那么茂盛，应该不会受伤的，想不到却踩了一个马蜂窝，结果有两位女生的手臂被叮得有点肿。因为兴奋，她们没有哭。还有一次，爬了两个山头看到大水库还意犹未尽，又爬了第三个山头。如果按照原路回来，那是保险的，但是当天作为先锋爬山的同学心血来潮，说可以走一条新路。想不到新路很不好走，天色也黑了，星星的光线不够，大家只好拿手机照明。最后，我们是沿着满是石头的山谷爬下来的，几位同学有点擦伤。幸运的是大家都下来了。总之，安全是一个切实的问题。据说有体育老师带着学生爬山，这就很好。

曾经有一门选修课，让大家认识珠海的植物，听说老师也曾经和同学爬山。

今天我讲的东西，就是和大家"拉家常"，没有一个中心思想。一定要归纳的话，就是两句话，一个是大学生要把学习放在第一位，第二个是要崇尚高贵。虽然我们不一定能做得到，但套用一句话，叫做"虽不能至，心向往之"。

希望同学们到了这里来，会形成一个大家庭，大家相亲相爱，度过本科的四年，希望中大的这四年，岭南的这四年，在你们一生里面是最宝贵、最值得回忆的四年。你们的许多学兄学姐，都有这样的体验。你只要拍一张珠海校区的漂亮照片，发到微博上去，马上就有学兄学姐回你的帖，因为这唤起了他们美好的青春回忆。

四年以后，你们毕业了，或者找到了工作，或者继续深造。这几年中国人民大学搞了一个汉青项目，去年我去看他们。汉青盛赞我们本科毕业的学生，一直是他们最好的研究生。希望在本科的四年以后，无论工作还是深造，你们也会这样给岭南增光。

今天我就讲到这里。谢谢大家！

（主持人：下面给一个互动的时间，大家有什么问题可以与王老师讨论。）

问：王教授您好，我最想问你的问题是，岭南学院2011级的新生，在四年的经济学学习中，最重要的忠告和建议是什么？

答：谢谢！我的忠告和建议，就是刚才我讲的。暂时没有更具体的建议了。没关系。这位同学第一个站起来提问，给对话做出了贡献，我们谢谢他。

问：王教授您好，我想问一下怎么调配学习和社团活动之间的平衡。

答：这个问题刚才我已经说得很多了。我觉得应该是学业第一。你可以参加社团活动，从中可以学到很多东西，但当它影响到你的学业的时候，你就要注意了。

热心社团活动没什么不好，可以锻炼 leadership 嘛，领导能力。大家关心的领导能力，一种是记录在案的领导能力，曾经当过什么，比如曾经当过岭南学院学生会副主席，等等。另外一种呢，可能是并不记录在履历的领导能力，比如曾经协助组织一次野营，或者做过其他对同学有帮助的事情。当然，这两种情况也经常结合在一起。现在同学们追求的，会不会是可以记录在案的东西比较多？我在三四年前发现，珠海校区岭南学院学生会，有七八十个"干事"。好几位同学来找我，要谈点什么事情，都从自我介绍说我是学院学生会的干事开始。后来知道干事有七八十位。听说别的学院也这样。学生找老师，很平常的事情，为什么需要干事这种头衔呢？也许干事这个头衔对将来评这个奖那个奖有用，那么你们自己看着办吧，我并不欣赏。

我不欣赏没关系，还是凭你们自己掌握。这就像我刚才说的无奈的课程，我不赞成，但实际情况可能是你要生存。建议你至少要让同学觉得，你不是冲着什么头衔来的，你是真心想为同学做点事情。

问：教授您好，我想问您一个问题，国内和国外教授经济学教育有区别吗？会不会在这里学过以后到了国外难以适应？

答：国内和国外的经济学教育，差距还是比较大。但是应该说，至少在15年前或者20年前，我们岭南学院在经济学教育的国际化方面是在国内做得最好的。后来，别的院校也上来了，我们的相对优势就没有当时那么大。可以说，国外你知道的比较好的大学，水平都比我们高。但是，这里并不存在一个我们的同学到了那里适应不适应的问题。我们看一个同学，最重要的不是他已经学了多少课程，或者课程的水平怎么样，而是通过现有课程的学习，能不能显示你的学习能力，能不能提升你的学习能力。通过现有课程的学习，还是可以表现出一个学生的潜质的。

我们曾经推荐一位本科毕业的同学，在1993年到美国一所名牌大学攻读博士学位。结果，这位同学顺利地拿到了经济学博士学位，又经过两所大学的历练，三十多岁就回到攻读博士学位的这所名牌大学任职正教授。他拿到博士学位的时候，他的导师说，这是他三十年来遇到的最好的学生。比起这位同学那时候，现在我们学院的经济学教育，又有了长足的进步。

大学阶段，我觉得能力的提高比知识的获得更加重要。你在岭南几年读下来，有些课程你非常喜欢，并且觉得它比较饱满，有些课程呢，你也许觉得它不太饱满。但是当你自己提高了以后，对于不饱满的课程，你清楚它不饱满在哪里。这就说明你已经上升了一个层次。

中国的人口基数很大，潜质好的同学很多。另外，我们学院同学到国外交流的机会也比较多。有这个眼界也很重要。

问：王教授您好。有国外的朋友跟我说，学生在大学上课的时候，不仅可以把老师的课件拷下来，还可以在上课的时候录音，然后他们说这种方法在一定程度上可以解决一定的问题，就不要下课去麻烦教授了。您觉得这种学习方法有效及必要么？谢谢。

答：如果做录音不太耽误你的时间，不影响你上课，你可以录啊。至于下课以后你听不听录音就是你自己的事情了。如果上课已经全部听明白了，我想下课就不一定再听。你朋友介绍的这种方法好不好，你可以试试。老师上课的时候，你要录音，那么客气地问一下老师我是否可以录音，比较好。

我自己负责的课程，连预习都不鼓励同学们做。上课的时候好好听课，跟上老师的思路，那么听懂了就是懂了。我还会告诉同学怎么检查自己是不是真懂。在我看来，最好的教学，就是课堂效果很好的教学，当堂解决问题的教学。

问：您强调崇尚高贵。可我们都是学经济学的人，会有一个追求利益最大化的习惯。我的问题是，怎么样在追求高贵的同时，找到与利益最大化的平衡点。谢谢。

答：追求利益最大化，并不一定排斥高贵。你们没有见到过，却也听说过儒商。中国有句话，叫作：君子爱财，取之有道。近代中国，有一些商人非常成功，他们都很讲信用，对竞争伙伴也都相当友好。世界上也有不少市场上非常成功的人士，他们很有贵族精神。所以，二者并不矛盾。将来你们还会知道，所谓追求利益最大化,并不能简单归结为个人发财和自私自利。比如母亲追求的利益最大化,可能就是让她的孩子能生活得好,发展得好。很穷的时候,母亲会把稍微好一点的东西省下来给孩子吃,这种利益最大化追求,有什么不好呢?假定有一个人,收养了一些孤儿,他的追求,就是让这些孤儿能够成长得好一些,至少能够获得起码的教育。这也是利益最大化啊。

问:王教授您好。您刚才谈到大学生应该崇尚高贵,这会不会导致有些人觉得你清高?王教授是否可以给我们当代大学生气质上一些更具体的要求?例如谦卑啊这些。

答:第一个问题,崇尚高贵是不是会让人觉得清高。我觉得不会。如果你是那么博爱、那么宽容的一个人,人家怎么会觉得你清高呢?清高就不那么博爱嘛,就不会宽容嘛。

另外一点,就是不要人云亦云,不要上面说什么我们就跟着说什么。我们每个人都有自己的思想。我们都知道好的社会应该是怎么样的,心里面有这样的憧憬。

大学生还是要把学习放在第一位。世界上的好事是做不完的,你说是不是?还是要有一种使命感,对自己,对国家。一代代这样有思想的人出来,我们国家的前途就一定光明。

(居年余老师指导黄晓鹏、郭群敬、梁馨匀、傅宇豪、周丹媛、刘学峰同学整理,特此致谢。)